Bernd Springorum
Konditionstraining

© FN-Verlag der Deutschen Reiterlichen Vereinigung
Warendorf 1986
ISBN 3-88542-167-4
Herstellung: SCHNELL Buch & Druck, Warendorf
2. geänderte Auflage 1990

Bernd Springorum

Hinweise zum Konditions-training der Military-Pferde

FN-Verlag Warendorf

Vorwort

In keiner reitsportlichen Disziplin spielt das reiterliche Gefühl eine derart wichtige Rolle wie im Vielseitigkeitssport. Insbesondere im Bereich des Konditionstrainings und der Einschätzung der Fitness der Pferde sind das Einfühlungsvermögen und die Erfahrungen des Reiters und des Trainers seit jeher die entscheidenden Faktoren für ein erfolgreiches Training des Militarypferdes.

Daher ist es nicht verwunderlich, wenn nach wie vor nach zum Teil sehr unterschiedlichen Trainingsmethoden trainiert wird, die jeder Reiter nach seinen persönlichen Erfahrungen entwickelt und auf seine Pferde und seine eigenen Bedingungen vor Ort abstellt.

Bei aller — sicher erforderlichen — Individualität in der Trainingsplanung hat sich jedoch in den letzten Jahren eine gewisse Systematik im Konditionstraining herauskristallisiert, die inzwischen von den meisten Reitern der führenden Vielseitigkeitsnationen befolgt wird und die sich im Gegensatz zu früheren Methoden u.a. durch einen stärkeren Einfluß von Intervalltrainingsmerkmalen auszeichnet. Auch dem Grundlagentraining wird erfreulicherweise heute wieder eine größere Bedeutung zugemessen.

Für dieses Training hat Dr. Bernd Springorum die fachlichen Grundlagen erarbeitet und für jeden interessierten Vielseitigkeitsreiter verständlich gemacht. Gestützt werden seine Ausführungen auch durch die eigenen praktischen Trainingserfahrungen aus seiner aktiven Reiterlaufbahn und aus seiner Zeit als Bundestrainer der deutschen Vielseitigkeitsreiter. Dankbar bin ich auch für die Aussagen zu Haltungsfragen und zum Umgang mit Vielseitigkeitspferden, die jedem Pferdemann aus dem Herzen gesprochen sind.

Es ist zu wünschen, daß das vorliegende Buch alle mit der Vielseitigkeit befaßten Reiter und Ausbilder zur kritischen Auseinandersetzung mit ihrem Training anregt und zu einer Optimierung ihrer Trainingsmethoden beiträgt.

Warendorf, im April 1986   Martin Plewa

Einleitung

Das Konditionstraining des Vielseitigkeitspferdes ist immer noch eine Landkarte mit vielen weißen Flecken. Trotz anhaltender Bemühungen in Wissenschaft und Praxis sind wir noch weit davon entfernt, die objektiv richtigen Trainingsmaßnahmen für jedes einzelne Vielseitigkeitspferd festlegen zu können.

Dennoch gibt es wissenschaftliche Ergebnisse und praktische Erfahrungen, deren Gültigkeit heute in den führenden Military-Nationen unbestritten ist. Mir liegt daran, dieses Wissen jedem interessierten Vielseitigkeitsreiter zu vermitteln. Dabei habe ich mich bemüht, zum einen verständlich zu bleiben und zum anderen möglichst viele Aussagen, zu denen der Leser vielleicht mehr wissen möchte, mit Literatur-Hinweisen zu versehen.

Bei der Beschäftigung mit diesem Thema habe ich beruhigt festgestellt, daß für unsere Pferde in der Hand vernünftiger Reiter auch in Zukunft keine Gefahr besteht, im Training mit Stoppuhr-Vorgaben, medizinischen Eingriffen oder Futter-Kunststücken überfordert zu werden. Der verantwortungsbewußte Vielseitigkeitsreiter, der alle Trainingsmethoden kritisch hinterfragt, der sich auf sein Pferd einstellt und ein sicheres Gefühl entwickelt, bleibt letztlich der Schlüssel zum Erfolg.

Ich hoffe, diese Ausführungen können dazu beitragen, daß die Anzahl der gut vorbereiteten Pferde in unseren Vielseitigkeitsprüfungen größer wird und daß diejenigen Reiter aus den Prüfungen verschwinden, die mangelhaft konditionierte Pferde zum Schaden des Tieres und des Sports an den Start bringen.

Entwicklung der Military

Geländebedingungen

Der Geländeteil der Vielseitigkeitsprüfung hatte zu Beginn Distanzritt-Charakter. Bei den Olympischen Spielen 1912 in Stockholm mußte eine Strecke von ca. 60 km in rd. 4 Stunden bewältigt werden. Für 5 km querfeldein war eine Zeit von 15 Min. vorgegeben (= T 333 m/min).

Noch 1960 in Rom waren die Wegestrecken A und C insgesamt über 20 km lang; die Rennbahn, hügelig und uneben, maß 3.600 m; der Querfeldeinstrecke mit 8.100 m folgte damals noch ein Schlußgalopp von etwa 2 km; alles in allem 34,6 km.

Der olympische Reigen endet vorerst in Seoul 1988. Hier waren noch rd. 15 km Wegestrecken im Tempo 220 m/min (Rom: T 240 m/min), 3105 m Rennbahn und 7.486 m Querfeldeinstrecke zu reiten. Das ist mit 26,75 km eine um knapp 1/4 kürzere Strecke als Rom.

In Rom erritten nur einige wenige Teilnehmer alle Gutpunkte auf der Rennbahn (= T 690 m/min). Die anderen mußten Kraft sparen. In der Querfeldeinstrecke war ein Teilnehmer schneller als T 570 m/min, einer brachte es auf ca. 1/2 Minute über Bestzeit, alle anderen ritten T 500 m/min und langsamer (E. Graf ROTH-KIRCH, 1960).

In Los Angeles gehörte T 690 m/min zum guten Ton; rund 1/4 der Teilnehmer ritt T 570 m/min in Phase D, etwa die Hälfte nicht langsamer als T 540 m/min.

Die Einführung der 10minütigen Zwangspause in den 60er Jahren brachte die entscheidende Änderung der Geländebedingungen. Die unbestreitbar wichtigen Vorteile dieser neuen Regelung dürfen nicht darüber hinwegtäuschen, daß die Pferde in dieser Pause vor der Querfeldeinstrecke neue Kraft aufbauen, mit der sich die letzte Gelände-Teilprüfung schneller reiten läßt. Schneller reiten aber bedeutet zum einen höheres

Risiko an den Sprüngen, zum anderen größere Verletzungsgefahr und zum dritten ein anderes Konditionstraining.

Die Bedingungen der Basisprüfungen (Kl. A bis M) wurden der olympischen Vorgabe angepaßt, und per Saldo muß festgestellt werden, daß die Zwangspause, die Verkürzung der Strecken, die Reduzierung einiger Tempi (Wegestrecken) und Einzelregelungen zum fairen Bau von Geländehindernissen dazu führten, daß unsere Strecken schneller oder mit einem vergleichsweise weniger gut trainierten Pferd geritten werden konnten. Aus diesem Grund ist die Prognose von R. KLIMKE (1967), der mit der Einführung der Zwangspause die gesundheitlichen Schäden für die Pferde auf ein Minimum reduziert sah, nicht aufgegangen.

Pferde

Schon 1927 gab Gustav Rau den zeitlosen Hinweis: „Ein solides, hoch im Blut stehendes, kräftiges Halbblutpferd hat sich als geeignetes Pferd für die Military erwiesen." Auch heute noch kann dieser Satz stehen bleiben, wenn man erkennt, daß sich der kräftige Halbbluttyp weiter in Richtung Vollblut, in Richtung Galoppiervermögen entwickelt hat.

Der Olympiasieger von 1936, der Ostpreuße „Nurmi", war ein Warmblüter, dessen Vollblutanteil erst weit hinten bei den Vorfahren zu finden ist. Dieses Pferd hatte allerdings einen Brustumfang von fast 2 m, was viel ist und für die Kapazität spricht, Sauerstoff in Energie umzusetzen.

Bei „Trux von Kamax", einem Hannoveraner, der nach dem Krieg in Helsinki und Stockholm 3 Silbermedaillen für Deutschland gewann, erscheint Vollblut erst in der 5. Generation. Er wie sein Zeitgenosse „Hubertus" waren auch im Erscheinungsbild reine Warmblüter.

In den Berichten über Spitzenprüfungen in den letzten 20 Jahren wird ständig eine Verbesserung des Typs Militarypferd festgestellt. Dies heißt nichts anderes, als daß sich die Pferde für den Laien edler und für den Insider mit besserem Galoppiervermögen präsentieren. Zwischen dem Doppelolympiasieger 1984 und 1988 »Charisma«, dem Bild eines Vollblüters und »Trux«, dem Gebrauchspferd, liegen Welten.

Diese Entwicklung ist auch logisch, denn im Gelände ist das ursprüngliche Dauerleistungspensum des Militarypferdes zugunsten mehr Schnelligkeit zurückgedrängt worden. Folgerichtig hat der Vielseitigkeitsreiter mehr und mehr auf einen Pferdetyp zurückgegriffen, dessen Galoppier-Eigenschaften schon von der Veranlagung her hoch entwickelt sind.

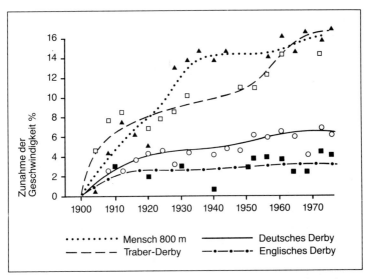

Relative Zunahme der Laufgeschwindigkeit von Mensch und Pferd seit der Jahrhundertwende (nach HÖRNICKE et al., 1970, ergänzt und erweitert)
Quelle: Handbuch Pferd, BLV-Verlagsgesellschaft. 1984

Konditionstraining

Die aufgezeigte Entwicklung hat nur sehr zögernd zu Konsequenzen im Training geführt.

Während schon in den sechziger Jahren die Dauerleistung des Pferdes als Schwerpunkt des Prüfungssystems langsam an Gewicht verlor, blieb das Trainingssystem der Militaryreiter im In- und Ausland zunächst unverändert. Der Kern der Konditionsarbeit lag im Absolvieren langer Distanzen bei niedrigem Tempo. Man unterschied zwischen Galopptraining in ruhigem Canter und Rennbahntraining (R. KLIMKE, 1967). Konkrete Angaben zum Trainingspensum selbst sind kaum zu finden. Noch 1975 ist der Europameister „Be Fair" von Lucinda Prior-Palmer über das alte System, nämlich Galopparbeit im Tempo 400 m/min über 7 Wochen und nur zweimal schnelle Arbeit zum Schluß (1.000 m und 300 m) aufgebaut worden.

KARSTEN (1980) legt die unterschiedlichen Ansichten zum Konditionstraining dar, weist aber auch darauf hin, daß Jack LeGoff, der amerikanische Trainer, bereits 1974 das Intervalltraining mit längeren Schrittpausen eingeführt hat.

Inzwischen trainieren die führenden Nationen im Vielseitigkeitssport durchweg auf einer Grundlage, die der Entwicklung der Schnelligkeit des Pferdes mehr Raum gibt. Sehr verallgemeinert ist eine Annäherung an Trainingsmethoden im Galopprennsport zu beobachten: Die Einheiten schneller Arbeit sind in der Distanz verkürzt und in der Anzahl erhöht worden.

Ein wissenschaftlich untermauertes Programm für das Konditionstraining von Vielseitigkeitspferden gibt es bisher nicht. Dies wird auch in absehbarer Zeit nicht zu erwarten sein. Insofern darf schon an dieser Stelle vor falschen Propheten gewarnt werden, die

---

Hohes Tempo über längere Strecken: Die gute Leistungskondition verhindert Zeitfehler, die gute Grundkondition verhindert Verletzungen.

einem Reiter den alleinseligmachenden Trainingsplan aufgrund „objektiver Erkenntnisse" nahelegen. Pferde können nicht sprechen, und Reiter, die mit einem bestimmten Trainingsplan Erfolg gehabt haben, müssen sich immer wieder fragen, ob ihr Pferd nicht trotz des (mangelhaften) Trainings gewonnen hat.

Ich halte es aber für möglich, die für die Anforderungen unserer heutigen Prüfungen zweckmäßige Struktur des Konditionstrainings zu verdeutlichen. Mehr ist nicht zu erwarten. Der Mensch, der sich individuell auf sein Pferd einstellt und entsprechend verantwortungsbewußt handelt, ist durch nichts zu ersetzen.

Training und Organismus

Energiequellen

Das Energieversorgungssystem, das für die Leistung des menschlichen oder tierischen Körpers von entscheidender Bedeutung ist, sollte jeder Vielseitigkeitsreiter kennen. Es ist der Schlüssel zum Verständnis des Konditionstrainings überhaupt.

Die für das Zusammenziehen und Ausdehnen der Muskeln benötigte Energie, die Energie für die Bewegung also, wird durch den Zerfall der chemischen Verbindung Adenosintriphosphat (ATP) freigesetzt. Nach dem Zerfall dieses ATP muß neues aufgebaut werden, damit die Energiezufuhr für die Muskeln erhalten bleibt. Weitere Hinweise finden sich bei W. v. ENGELHARDT (1984) und T. IVERS (1983).

Für den Prozeß der Bereitstellung von Energie hat der menschliche und tierische Körper verschiedene recht komplizierte Systeme. Das wichtigste System für die Geländeleistung des Vielseitigkeitspferdes ist das *Sauerstoff-Energiesystem* (M. HABEL, 1982). Über die Atmungsorgane wird der Sauerstoff dem Körper zugeführt. Er wird an das in den roten Blutkörperchen enthaltene Hämoglobin gebunden und über den Blutkreislauf zu den Muskeln transportiert. Denselben Transportweg benutzt auch die Glukose, eine weitere wichtige Substanz für die Energieleistung. Allerdings laufen Hunderte von chemischen Prozessen ab, bevor energiewirksames ATP (über Sauerstoff) zur Verfügung steht. Der Vorteil des Sauerstoff-Energiesystems liegt darin, daß beträchtliche Mengen an ATP auch während der Arbeit, also während einer Leistung, neu aufgebaut werden können. Außerdem ist der Abtransport des Abfallproduktes Kohlendioxyd über Blutkreislauf und Ausatmen recht problemlos geregelt.

Ist der Organismus in der Lage, den Energiebedarf über die Sauerstoffzufuhr zu decken, so arbeitet er im aeroben Bereich.

Typische Sportarten, die besonders den Ausbau der aeroben

Kapazität des Menschen erfordern, sind der 10.000-m-Lauf oder das Boxen. Bezieht der Organismus die Energie anderweitig, also nicht über Sauerstoff, so arbeitet er im anaeroben Bereich.

Unterhalb der Schwelle zum aeroben Bereich liegt das anaerobe System des *energiewirksamen Phosphors*. Dieses System setzt Energie am schnellsten um, weil es keine Zeit für Sauerstofftransport und viele chemische Prozesse benötigt. Phosphor steht vor Ort, also im Muskel zur Verfügung und liefert schnell und viel ATP. Die Energielieferung hört auf, wenn die Phosphorreserve im Muskel verbraucht ist; dies geht sekundenschnell, aber nach einer Erholungsphase von wenigen Minuten füllt der Körper diese Reserve wieder auf. Typische Sportarten für die Phosphorenergie sind Gewichtheben, Sprung und Sprint. (Man kann auch mit angehaltenem Atem spurten und Leistung bringen!)

Ein weiteres, für das Vielseitigkeitspferd wichtiges anaerobes

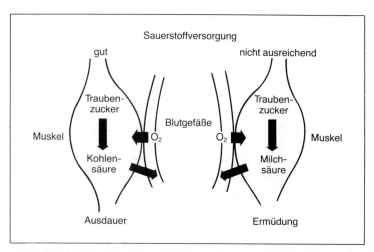

Stark vereinfachte Darstellung des Muskelstoffwechsels bei guter und bei nicht ausreichender Sauerstoffversorgung. Die Ansammlung von Milchsäure bei anaerobem Stoffwechsel führt zur Ermüdung (aus EHRLEIN et al., 1970 a.).
Quelle: Handbuch Pferd, BLV-Verlagsgesellschaft. 1984

Energiesystem ist das *Lactat-(Milchsäure-)Energiesystem,* das einsetzt, wenn das Sauerstoff-Energiesystem voll ausgelastet ist. Die Bezeichnung dieses Energiesystems ist nicht korrekt, weil hier Lactat nur als Abfallprodukt bei der Energiegewinnung anfällt. Die Lactatkonzentration im Blut eröffnet jedoch Anhaltspunkte über die Beanspruchung dieser anaeroben Energiequelle, was die Bezeichnung im Trainingsalltag rechtfertigt. Das Lactat-System benötigt nur wenige chemische Prozesse, bevor die Energie zur Verfügung steht. Damit wirkt dieses System noch sehr schnell und direkt.

Allerdings hat das Lactat-Energiesystem den großen Nachteil, daß nur relativ wenig Energie umgesetzt werden kann und daß bei der Energielieferung Rückstände anfallen, die nur sehr langsam wieder abgebaut werden können. Diese Rückstände, zu denen auch Milchsäure gehört, tragen mit dazu bei, daß bei höchster Kraftanstrengung — je nach Trainingszustand schon nach wenigen Minuten — die Muskeln schmerzen und aufhören, ordnungsgemäß, d.h. koordiniert zu arbeiten. Es treten Ermüdungserscheinungen auf, die vor allem für unsere Pferde sehr gefährlich sind. Dieses System kann eine Sauerstoff-Unterbilanz also nur sehr kurzfristig kompensieren.

In jedem Fall steigt der Lactatgehalt im Blut des Pferdes bei Überschreiten der Grenze vom Sauerstoff-Energiesystem zum Lactat-Energiesystem sprunghaft an. Die Ruhewerte des Milchsäuregehaltes im Blut des Pferdes liegen unter 5 mMol/1. Wenn das Pferd „sauer" geritten wird, wenn das Lactat-Energiesystem bis zur völligen Erschöpfung belastet wird, kann die Konzentration über 20 mMol/1 liegen (W. v. ENGELHARDT, 1973).

Typische Sportarten, die hauptsächlich dieses Energiesystem fordern, sind der 400-m-Lauf und das 100-m-Schwimmen. Ein wesentlicher Teil dieser menschlichen Leistung wird über (kontrollierte) Energiezufuhr des Lactat-Systems erbracht. Ein Leichtathlet etwa, der über die Ziellinie torkelt und dann zusammenbricht, hat dieses Energiesystem überzogen:

Die (Milchsäure-)Rückstände haben ein Ausmaß erreicht, bei dem die Muskeln ihren Dienst versagen. Es kann Tage dauern, bis der Energiehaushalt des Muskels nach einer solchen »Überladung« wieder in Ordnung ist – der gefürchtete »Muskelkater« ist die Folge. Die Übersäuerung des Muskels macht das Gewebe nämlich »mürbe«. Die Muskelfasern verlieren an Elastizität, bei weiterer Belastung entstehen viele kleine Faserrisse, die für den Schmerz mitverantwortlich sind. Beim Verheilen dieser Muskelfaserrisse entstehen kleine Vernarbungen und da Narbengewebe weniger elastisch ist, führen Muskelkater in Folge zu einer dauernden Herabsetzung der Muskelbelastbarkeit. Man sollte daher Muskelkater vermeiden! Und wenn es doch einmal passiert ist, sollte er erst in Ruhe ausklingen dürfen, bevor erneute Anstrengungen verlangt werden (BINDER/WONDRAK, 1989).

Zur Abrundung dieses Überblicks sei erwähnt, daß das Pferd verschiedene Muskeltypen besitzt. Ein Muskeltyp steht dem Sauerstoff-System (Dauerbelastung), ein anderer den anaeroben Systemen (Schnellkraft), ein dritter steht sämtlichen Energiesystemen zur Verfügung, und alle müssen trainiert werden (W. v. ENGELHARDT, 1984). Außerdem spielt neben den genannten auch Fett als Energiequelle eine Rolle, die hier jedoch weniger im Vordergrund steht.

Kreislauf und Muskeln

Herz, Lunge, Blut und Adern bilden ein Transportsystem: Sauerstoff, Glukose, Kohlendioxyd, Lactat, Stoffwechselprodukte usw. müssen mit steigender Belastung immer schneller befördert werden. Zwar läßt sich die Atmungsgeschwindigkeit beim Galop-

---

Ein losgelassener und ausgeglichener Galopp auch in unebenem Gelände, auf den alle Bereiche des Organismus vorbereitet sind, läßt sich nicht in der Halle trainieren.

pieren nicht erhöhen, weil das Pferd rhythmisch mit dem Galopp-sprung atmet, aber ansonsten läßt sich der Kreislauf durch richtiges Training verbessern. Kaum jemand weiß beispielsweise, daß schlecht trainierte Pferde nach einer Überbelastung in der Lunge bluten!

Vor allem das Atemvolumen, d.h. die Sauerstoffmenge, die pro Atemzug aufgenommen werden kann, läßt sich durch intensive Trainingsbelastungen erhöhen. Hier wird deutlich, welche großen Nachteile bei der Sauerstoffversorgung ein Militarypferd hat, das an Erkrankungen der Atemwege (Ton, Dämpfigkeit usw.) leidet.

Außerdem besitzt der Pferdorganismus mit der Milz einen Reservetank für rote Blutkörperchen, der viel größer ist als beim Menschen. Die Speicherkapazität dieser Hämoglobinreserven, die dann mehr Sauerstoff transportieren können, wird ebenfalls durch das Training verbessert.

Die Transportgeschwindigkeit wird vor allem durch die Pumpleistung des Herzens bestimmt. Auch das Pferdeherz selbst, zwischen 7 kg und 10 kg schwer, wird durch Ausdauertraining leistungsfähiger.

Die Herzschlag- oder Pulsfrequenz, die die Belastung des Kreislaufs sehr direkt anzeigt, liegt im Ruhezustand des Pferdes unter 50 Schlägen pro Minute. Bei extremer Belastung kann sich die Herzschlagfrequenz auf über 200 Schläge pro Minute steigern (H.J. EHRLEIN, 1973).

ENGELHARDT (1973) hat darauf hingewiesen, daß die von ihm getesteten Pferde vermutlich bei einer Herzschlagfrequenz von 120/min ausschließlich im aeroben Bereich arbeiten. Er zitiert den Wissenschaftler Persson, der die Grenze zum anaeroben Bereich, die Grenze zum Einsatz des Lactat-Energiesystems also, bei einem Puls von 150/min annimmt. IVERS (1983) sieht diese Schwelle für einen normal trainierten Vollblüter zwischen 150 und 170 Herzschlägen pro Minute.

Selbstverständlich hat das sinnvolle Training auch entscheidenden Einfluß auf die Entwicklung der *Muskulatur:* Die Muskelfasern werden dicker (gut bemuskelter Typ!), die Kapillaren, in denen der Sauerstoffaustausch stattfindet, werden mehr, und auch die Elastizität, die Dehnbarkeit der Muskulatur, wird verbessert.

In diesem Zusammenhang spielt auch der Funktionszustand des *Nervensystems* eine Rolle (H.J. SCHWARK, 1978). Durch Nervenreize zieht sich ein Muskel zusammen, durch eine Hemmung entspannt er sich wieder. Die Geschwindigkeit des Wechsels zwischen Reiz und Hemmung ist biologisch vorgegeben. Dies bedeutet, daß auch ein untrainiertes Pferd seine optimale Geschwindigkeit über 100 m oder 200 m (bis zur Ermüdung) gehen kann. Mit zunehmenden Trainingserfolgen kann das Pferd diese seine Geschwindigkeit über eine längere Strecke gehen, es kann die Geschwindigkeit selbst aber nicht wesentlich erhöhen. Auch hier wieder ein Grund, schon bei der Auswahl des Militarypferdes auf den Vollbluteinfluß zu achten.

Darüber hinaus läßt sich auch das Zusammenspiel der vielen verschiedenen Nervenreize und -hemmungen, die koordinierte Muskelbewegung, durch Training deutlich verbessern. Die vier Bereiche der Muskelarbeit, die ausgebildet werden können, sind also
— Koordination,
— Flexibilität,
— Schnellkraft und
— Ausdauerkraft.

Sehnen und Gelenke

Die *Knochen* des Pferdes scheinen zwar hart und widerstandsfähig, aber sie verändern sich dennoch ständig durch Ernährung und Belastung. Das gleiche gilt für die Knorpelschichten, die in den Gelenken gegeneinander gleiten und als „Kugellager" dienen. Besonders der *Knorpel* wird durch Überbelastung leicht angegriffen oder zerstört, und solche Schäden sind kaum noch zu beheben. Auch die Hufe sind nicht leblos; im Gegenteil: Sie verändern sich mit Ernährung, Behandlung und Belastung.

Für den Vielseitigkeitsreiter ist es daher ungemein wichtig zu wissen, daß diese Gewebe durch ständige Belastung — nicht Überbelastung! — kräftiger und Knorpelschichten auch dicker werden (T. IVERS, 1983). Dieser Prozeß läßt sich mit Schwielen an unserer Hand verdeutlichen: Überbelastung bringt Blasen, die weh tun, aber Normalbelastung läßt die Schwielen, die gegen den Schaufelstiel schützen, langsam kräftiger werden.

Genauso verhält es sich mit den für Vielseitigkeitspferde so wichtigen *Sehnen*. Die Sehne bildet ein aus unzähligen Gewebefasern zusammengesetztes, nur bedingt elastisches „Drahtseil", das die Muskelbewegung (z.B. auf die Mechanik der Vorhand) umsetzt. Sie arbeitet wie das Seil eines Baggers, das den Motor mit der Baggerschaufel verbindet. Dabei spielt nicht nur die Bewegung, sondern auch die Dämpfung der Bewegung eine Rolle. So wie der Baggerführer das Herunterfallen der Schaufel mit dem Motor abbremsen kann, ebenso dämpfen die Muskeln über die Sehnen z.B. die Landung nach dem Sprung des Pferdes.

Hier liegt die häufigste Ursache für Sehnenverletzungen im Verlauf des Geländeritts. Der Reiter hat dazu oft eine einfache Erklärung: „Der ist in eine Kuhle getreten!" In Wahrheit liegt dann meist eine Überbelastung des Sehnenapparates vor, die aus einer Landung oder einem Aufprall stammt, den die Muskeln des Pferdes wegen Energiemangels nicht mehr dämpfen konnten: Die Baggerschaufel saust nach unten, der Motor stottert und kann den Fall nicht mehr weich bremsen; entweder knallt die Schaufel auf die Erde und irgend etwas bricht, oder die Seilsperre wird reingehauen und die Seile reißen.

Selbstverständlich können solche Schäden nicht nur am Sprung sondern auch in einer scharfen Wendung, bei schnellem Galopp, bei jeder extremen Bewegung oder Dämpfung der Bewegung entstehen. Um so wichtiger ist es, zusätzlich darauf zu achten, daß auch die Sehnen trainiert und gestärkt werden können (T. IVERS, 1983). Sehnen sind wie Knochen und Knorpel wenig durchblutete Gewebe, die nur über ständige Reize langsam aufgebaut werden können. Häufige, ruhige und regelmäßige Bewegung über Monate führt zu Ergebnissen, die die Russen angeblich sogar mit über 100% Zunahme der Sehnen-Widerstandsfähigkeit gemessen haben. Auch ohne dieses Meßergebnis unterstreichen die Erfahrungen der Vergangenheit, daß bei Pferden, die früher in der Landwirtschaft oder beim Militär und heute zusätzlich zur täglichen Arbeit ausreichend Bewegung erhalten, vergleichsweise weniger Sehnenprobleme auftauchen. In diesem Zusammenhang darf die Zucht nicht vorschnell zum Sündenbock gemacht werden.

Der Sehnenschaden ist wohl der dunkelste Punkt in der Karriere des Sportpferdes (T. IVERS, 1983), insbesondere des Militarypferdes. Oft wird versucht, eine schnelle Heilung mit scharfen Einreibungen, Brennen, Splitten oder Kohlefäden zu erreichen. All diese Behandlungsmethoden sind für andere Sportpferde meist nützlicher als für das so vielseitig beanspruchte Militarypferd. Für den Regenerationsprozeß, die Heilung (M. STEINER, 1982), müssen wir in der Regel noch mehr Zeit aufwenden als alle anderen Reiter oder Fahrer, wenn die behandelte Sehne die Geländebelastungen danach dauerhaft überstehen soll. Dies wird auch oft von denjenigen Tierärzten übersehen, die dazu neigen, die Wiederaufnahme des vollen Trainings zu früh zuzulassen.

Bei den verschiedenen Behandlungsmethoden ist immer diejenige vorzuziehen, die nicht zusätzlich Sehnengewebe verletzt. Vernarbungen beeinträchtigen die Widerstandsfähigkeit der Sehnen unwiederbringlich. Die beste Therapie ist in jedem Fall die Zeit. Es gibt kaum Militarypferde, die innerhalb eines Jahres nach ihrer Sehnenbehandlung zum Einsatz gebracht wurden und dann gesund geblieben sind.

Trainingsvoraussetzungen

Reiter

In der Military kann jeder, auch der Berufstätige, Spitzenerfolge erzielen, vorausgesetzt, er ist in der Lage,

— langfristig zu planen,
— hart und konsequent zu arbeiten und
— nicht mehr Pferde zu trainieren, als er ohne Kompromisse arbeiten kann.

Zum harten Arbeiten gehört auch, daß der Vielseitigkeitsreiter seine eigene Kondition aufbaut. Er muß so fit sein, daß er drei und mehr Tage im Wettkampf mit all dem Streß der Organisation und den Kilometern mehrfacher Geländebesichtigungen fertig wird. Die kleinste Unachtsamkeit kostet Punkte, die geringste Körperschwäche, vor allem gegen Ende des Geländetages, führt zu dem berühmten „Vorbeilaufen" oder zu dem bekannten „Rumpler", den der Reiter angeblich nicht aussitzen konnte.

Konditionsstarke Reiter übertreffen im entscheidenden Wettkampf in der Regel ihre Vorleistungen; die Schwachen dagegen brechen häufig ein. Allerdings reichen 15 Tage *Ausgleichssport* (vor allem Gymnastik und Laufen) etwa im Rahmen eines Lehrgangs nicht aus. Der Reiter hat an sich selbst genauso langfristig zu arbeiten wie an seinem Pferd. Wer das nicht tut, wird irgendwann auf einen besser vorbereiteten Konkurrenten treffen.

Ein weiterer wichtiger Punkt ist das *Einfühlungsvermögen* des Reiters. Er muß lernen, schon in den Anfängen Wohlbefinden und Unlust, Frische und Müdigkeit des Pferdes zu spüren. Dieses Gefühl ist überhaupt erst die Voraussetzung, mit der gesicherte allgemeine Erkentnisse des Trainings oder der Pferdehaltung

Der Absprung bleibt harmonisch, wenn das Pferd genügend Kraftreserven hat und mit den geforderten Geländebedingungen und Hindernistpyen vertraut ist.

verantwortungsvoll auf das eigene Pferd übertragen werden können.

Nur am Rande möchte ich anmerken, daß der kurze Bügel des Reiters eine der vielen anderen wichtigen Voraussetzungen ist. Je kürzer der Bügel beim Galoppieren, desto ruhiger schwebt das Gewicht des Reiters über dem Pferd. Jede Pendelbewegung des Oberkörpers, bedingt durch zu lange Bügel, kostet das Pferd zusätzliche Kraft. Wer im Training konsequent mit kurzem Bügel reitet, wird sich sehr schnell wohl und sicher fühlen.

Pferd

Mir geht es im folgenden um kurze Hinweise auf Teilbereiche der Pferdehaltung, die im Umfeld des Konditionstrainings wichtig sind. Allgemeingültige Erkenntnisse hierzu sollen nicht behandelt werden (s. M. HABEL, 1982, DEUTSCHE REITERLICHE VEREINIGUNG, 1984).

Für den *Stall* ist gute Luft die wichtigste Voraussetzung. Außenboxen haben sich bewährt, wobei das Pferd nicht isoliert stehen soll. Kälte schadet nicht, denn die Oberfläche des Pferdes, die Angriffsfläche für die Kälte, ist im Verhältnis zu seinem Volumen vergleichsweise klein. Menschliches Temperaturempfinden ist nicht auf Pferde übertragbar. Selbst bei extremer Kälte soll es kaum Erfrierungen bei Armee-Pferden gegeben haben.

Hat die Boxe keine Matratze, so muß nicht täglich, aber regelmäßig für eine gründliche Durchfeuchtung des Hufes gesorgt werden. Einige Minuten des beliebten Abspritzens der Hufe reichen dazu nicht aus, wohl aber eine Stunde Bewegung in taunassem Gras.

Trägt das Pferd im Stall regelmäßig *Bandagen*, so stellt sich der Organismus darauf ein. Der Anfangseffekt, nämlich bessere Durchblutung durch Wärmebandagen, geht verloren. Wer die volle Wirkung der besseren Durchblutung erhalten möchte, tut gut daran, Bandagen und durchblutungsfördernde Umschläge nur im Ausnahmefall zu benutzen, etwa nach einer größeren Belastung des Pferdes, wo der Abbau von Rückständen und die Heilung von kleinen Anfangsschäden besonders wichtig sind.

Zum Schutz der Beine gegen Schlageinwirkung haben sich geeignete Gamaschen bewährt. Bandagen im Gelände sind dann problematisch, wenn sie zu eng gewickelt sind oder durch Wassereinwirkung spannen. Die unbehinderte Durchblutung der Pferdebeine während der Belastung bleibt oberstes Gebot. Springglocken können sich bei unebenem Geläuf nach oben stülpen und führen dann leicht zu einem Sturz, wenn das Pferd hineingreift. Sie sollten nur bei echter Ballentritt-Gefahr benutzt werden.

Der Gebrauch von *Decken* wird allgemein übertrieben. Gegen Kälte, oft auch gegen Luft und Sonne, werden sie meist ohne Nachdenken eingesetzt. Die Decke erfüllt ihren Zweck nur

— bei geschorenen Pferden, wenn der Stall kalt ist,
— wenn das Pferd steht und naß wird (Regen) oder naß ist (Schweiß) und
— bei extremer Zugluft (offener Anhänger), die nicht mit Wind beim Schrittreiten zu verwechseln ist.

Ein gesundes Pferd in Bewegung verträgt jedes Wetter. Der Nutzen einer Fliegendecke wird schon fraglich. Der Nutzen einer Decke beim Aufwärmen zur Lockerung der Rückenmuskulatur kann nur im Glauben einiger Reiter überleben.

Der Reiter sollte bei jedem Zubehör nach dem Sinn fragen und im Zweifel Gewicht sparen. Am besten läuft sich's auch für uns mit möglichst wenig Klimbim am Körper. Selbst der Gebrauch von Glyzerin oder ähnlichen Gleitmitteln an den Pferdebeinen, meist vor der Phase D aufgetragen, gibt kritischen Reitern zu denken: Ein Teil der Oberfläche des Pferdes wird zugeschmiert, was z.B. Atmung und Schweißabsonderung der Haut behindert. Und fragt man einen Hersteller von Skifellen, wie die Gleitfähigkeit von Tierfellen (in Haar-Richtung und nicht gegen den Strich wohlgemerkt!) erhöht werden kann, so hat man postwendend das Gefühl, keine sehr kluge Frage gestellt zu haben.

Der gute *Beschlag* (M. HABEL, 1982, T. IVERS, 1983) ist wohl die wichtigste Voraussetzung im Vorfeld des Trainings. Die ausgeglichene Galoppade und Balance des Vielseitigkeitspferdes, also seine Geschwindigkeit bei größtmöglicher Vorbeugung gegen Verletzungen, haben ihre Basis in einem guten Hufbeschlag. Die häufigsten Fehler sieht man heute in zu niedrigen Trachten oder im Anpassen des Hufes an das Eisen. Jeder Vielseitigkeitsreiter sollte sehr darauf achten, daß ein guter Schmied mit genügend Zeit zur Verfügung steht, der das Eisen für jeden Huf einzeln und nach Maß schneidert. Korrekturbeschlag (z. B. verdickte Schenkel) sollte erst nach Abstimmung mit dem Tierarzt und einem fachkundigen Ausbilder vorgenommen werden. Auf verstellte Beine hat sich der Organismus des ausgewachsenen Pferdes im Zweifel eingestellt; eine nachträgliche Korrektur ist gefährlich.

Im übrigen lohnt es sich, einmal eine 100 Jahre alte Pferdezeitschrift aufzuschlagen und die Anzeigen zu studieren. Vieles, was da heute als große Neuheit angepriesen wird —, z.B. Erfindungen angeblich besserer Eisen, Hufschuhe oder Stollen —, ist irgendwann schon einmal probiert worden und hat sich nicht durchgesetzt.

Wer mit einem jungen Vielseitigkeitspferd beginnt, sollte es anfangs möglichst viel barfuß gehen lassen — auch und gerade im Gelände. Wie die Sehnen und Knochen kräftigen sich auch die Hufe des Pferdes in einem Langzeit-Prozeß. Wer dies beachtet, wird später kaum Probleme mit dem Beschlag, Huflederhautentzündung usw. bekommen. Demgegenüber ist es einleuchtend, daß Hufe, die sich nur auf Hallenboden eingestellt haben, schon bei einem Tritt auf einen Stein verletzungsgefährdet sind. Auch bei diesem Thema darf der Reiter getrost an seine eigenen Erfahrungen beim Barfußlaufen denken: Ein „trainierter" Barfußläufer spürt weder Stoppeln noch Kieselsteine.

Pferde im Leistungssport sollen — wenn eben möglich — in der Ruhepause am Ende der Saison ohne Eisen gehen, bis die Nagellöcher herausgewachsen sind. Der normale Huf muß sich von Zeit zu Zeit vom Zwang der Eisen erholen und seine Ursprungsform zurückgewinnen. Der Beschlag vor einem Wettkampf soll etwa 14 Tage vorher erfolgen.

Auch auf dem Gebiet der *Fütterung* gibt es heute Hunderte von Angeboten für Leistungspferde. Die Pferde fressen das, aber selten weiß der Reiter, warum. Gewinnt das Pferd, wird weitergefüttert, auch wenn es Gummibärchen sind. Dabei ist das Futter unserer Pferde die Basis, verbrauchte Energiereserven aufzufüllen und den Organismus auf größere Belastungen einzustellen. Die Fütterung des Vielseitigkeitspferdes (M. HABEL, 1982) verlangt keine Kunststücke. Ein gesundes, langfristig aufgebautes Pferd kommt mit dem Futter der Väter gut zurecht:

— Hafer (möglichst heil oder frisch gequetscht, um Pilz- und Bakterien-Befall zu vermeinden),
— Heu (trocken eingebracht) und
— gelegentlich etwas Frischfutter (z.B. Gras im Sommer, Mohrrüben im Winter) als Beigabe.

Die Tierärztliche Hochschule in Hannover hat den Nährstoffbedarf von Vielseitigkeitspferden untersucht und kommt per Saldo zum gleichen Ergebnis.
Unsere Pferde brauchen Kohlehydrate, Eiweiß, Mineralien und Vitamine (T. Ivers, 1983). Eine gezielte, zusätzliche Fütterung von Fett (Pflanzenöl, wenige Eßlöffel bis maximal 200 ml/Tag) kann bei austrainierten Pferden Energiereserven bilden bzw. Energiedefizite schnell auffüllen.

Moderne Rationsberechnungen (H. Junius, 1989) gehen beim Krippenfutter des im Training befindlichen Vielseitigkeits-Pferdes von folgendem aus:

Hafer	bis zu 5 kg/Tag und
Mais (oder Gerste)	bis zu 2,5 kg/Tag
(oder nur Hafer	*bis zu 8 kg/Tag)*

Das Quetschen von Hafer ist bei gut kauenden Pferden nicht erforderlich. Allerdings sind Futtergetreide wie Gerste und Mais in eine sehr harte Schale gepackt, die Pferde — wenn überhaupt — nur durch sehr intensive Kauarbeit »knacken« können. Diese Futtermittel sollte man brechen oder schroten. Sie sind dann jedoch sehr leicht verderblich und müssen daher schnell verfüttert werden. Eine Bevorratung, auch für Quetschhafer, ist nicht sinnvoll.

Spätestens dann, wenn bei einer Blutuntersuchung Mängel an bestimmten Nährstoffen festgestellt werden, sollten diese durch Zufütterung eines speziell für Pferde konzipierten Mineralfutters ausgeglichen werden.

Von entscheidender Bedeutung ist für jedes Pferd eine ausreichende Gabe von Rauhfutter, mindestens 0,6 kg/100 kg Lebendmasse (H. Meyer, 1986; H. Junius, 1989), also bei einem 600 kg Pferd (Warmblut) 3,6 kg Rauhfutter täglich, denn die darin enthaltene Rohfaser ist für den ungestörten Ablauf der Verdauungsvorgänge unerläßlich. Dabei ist zu beachten, daß das Rauhfutter nicht zu klein vermahlen ist (die Faserlänge sollte 1 cm nicht unterschreiten), da ansonsten die physiologische Wirksamkeit der Rohfaser nicht mehr gewährleistet ist. Aus diesem Grund sind Grünmehle nicht als »Heuersatz« geeignet. Vielmehr muß eine ausreichende Versorgung durch Stroh bzw. Heu sichergestellt sein. Letztlich sollte Heu für Pferde aus dem ersten Schnitt (Mahd Ende der Blüte oder überständig) stammen und trocken hereingebracht d.h. staubfrei sein. Heu aus dem zweiten Schnitt oder in der Blüte gewonnenes Heu ist ebenso wie Luzerne- oder Kleeheu wegen des hohen Eiweißgehaltes zu vermeiden. Das Pferd braucht von Natur aus weniger Eiweiß. Es ist daher sinnvoll, ihm neben

Heu auch das wesentlich eiweißärmere Stroh zu Verfügung zu stellen.

Eine ausreichende Rauhfuttergabe wirkt auch als »Wasserdepot« im Darm, auf das ein Pferd bei Ausdauerleistung zurückgreifen kann. Aus diesem Grund erscheint es ratsam, dem Vielseitigkeitspferd einen halben Tag vor einer belastenden Prüfung ausreichend Rauhfutter zu verabreichen.

Grassilage kann durchaus als »Heuersatz« dienen. Jedoch muß sie frisch aus dem Silo entnommen sein und schnell verfüttert werden. Beachte: Grassilage enthält ca. 50-65% Feuchtigkeit – die Menge, verglichen mit Heu, muß also entsprechend höher angesetzt werden. Schimmelige oder übelriechende Anteile haben in der Krippe auf keinen Fall etwas verloren. Maissilage kann ebenfalls gefüttert werden, ist allerdings nicht als »Heuersatz«, sondern vom Gehalt her eher als zusätzliches »Kraftfutter« einzuordnen. Rübenblattsilage eignet sich nicht als Pferdefutter. Für alle Silagen gilt: Nur wirklich durchgegorene, allererste Qualitäten dürfen in der Pferdefütterung eingesetzt werden (H. Meyer, 1986; H. Junius, 1989).

Die wichtigsten Voraussetzungen aber sollte das Pferd selbst mitbringen: *Leistungsbereitschaft* und *Galoppiervermögen*. Leistungsbereitschaft läßt sich durch Ausbildung nur bedingt beeinflussen. Ein Pferd, das nur auf die Signale seines Reiters wartet und nicht aus eigenem Antrieb (Gelände-)Aufgaben lösen will, wird irgendwann in seinem Wettkampfleben vergeblich auf die Reiterhilfe warten und die Segel streichen. Derjenige Reiter, der das Vertrauen seines Pferdes mißbraucht, weil er zuviel verlangt, oder der seinem Pferd die Eigenständigkeit nimmt, weil er es seinem Willen bedingungslos unterordnet, hat das hohe Gut der Leistungsbereitschaft rasch verspielt.

Das gut veranlagte Galoppiervermögen führt dazu, daß später in Training und Wettkampf der Pferdeorganismus vergleichsweise weniger stark beansprucht wird. Vollblüter, die über Generationen allein auf die Galoppierleistung hin gezüchtet wurden, geben dem Vielseitigkeitspferd schon über die Ahnentafel einen Trainingsvorteil mit. Demgegenüber ist die Veranlagung des Pferdes für die Teildisziplinen Dressur und Springen zweitrangig, weil sich z.B. Mitteltrab oder Verhalten am Sprung in der Ausbildung verbessern lassen, nicht aber Leistungsbereitschaft und Galoppiervermögen. Zur Klarstellung: Galoppiervermögen ist nicht die sichtbare Galoppade, sondern die Fähigkeit des Pferdes, seines gesamten Organismus, (über eine längere Strecke) schnell zu sein. Ein „großer" Galoppsprung kann zu einem langsamen Pferd gehören, ein unauffälliger zu einem schnellen.

Allgemeine Trainingsregeln

Wer ein guter Fußballspieler werden will, muß in erster Linie kicken. Immer wieder kicken! Wer ein guter Schwimmer werden will, muß vor allem schwimmen und nicht etwa rollschuhlaufen oder kugelstoßen. Erst in zweiter Linie ist darüber nachzudenken, welche anders gelagerten Trainingsprogramme eine sinnvolle Ergänzung sein können. Dies, hoffe ich, leuchtet ein.

Wer ein guter Sprinter werden will, muß sich auf Sprints (im anaeroben Bereich) konzentrieren. Wer ein guter Mittelstreckenläufer werden will, muß sich auf ruhige Dauerläufe zur Stärkung des Sauerstoff-Energiesystems und auf Arbeit im anaeroben Bereich mit hohem Lactatspiegel konzentrieren. Nur der Jogger kommt allein mit dem Training seiner aeroben Kapazität, also dem Jogging, aus.

Wer etwa bei einer Verletzung seines Pferdes auf die Idee kommt, das Konditionstraining über Schwimmen weiterzuführen, muß wissen, daß ein schwimmendes Pferd vor allem sein aerobes Energiesystem mit Herz und Kreislauf trainiert. Die Muskelpartien, die beim Schwimmen gebraucht werden, sind schon andere als die für den Galopp; Skelett und Bänder bleiben ganz ohne Trainingsreiz. Es sollte also einleuchten, daß eine atypische Bewegungsart das Training zwar kurzfristig überbrücken, aber niemals ohne nachteilige Folgen ersetzen kann.

IVERS (1983) gibt für die Energiequellen, die ein Vielseitigkeitspferd benötigt, ein Verhältnis von:

— 70 % aerob   (Sauerstoff) und
— 30 % anaerob   (Lactat oder Phosphor)

an. Diese Aufteilung kann sicherlich nur ein Anhaltspunkt sein. Man bedenke, daß die Pferde in der Phase D am Sprung, in Kombinationen oder am Ende der Strecke oft Kräfte freisetzen müssen, für die der Sauerstofftank nicht ausreicht, so daß die energiereichen Phosphorreserven oder Lactat zum Zuge kommen. Je nach Streckenführung und Hindernistypen kann der Einsatz der Energiereserven schwanken. Hinzu kommt, daß ein unerfahrenes Pferd durch mangelnde Routine oder Aufregung die anaeroben Kraftquellen viel häufiger einsetzen muß als ein erfahrenes. Man kann aber davon ausgehen, daß die aerobe Kapazität des Vielseitigkeitspferdes den Hauptanteil trägt, daß jedoch die beiden übrigen Kraftquellen zusätzlich wichtig sind.

Auch ist festzuhalten, daß das Vielseitigkeitspferd, das im Gelände ja nicht Höchstgeschwindigkeit, sondern ein begrenztes Tempo von 690 m/min in Phase B und 570 m/min in Phase D geht, sein Grundtempo im aeroben Bereich absolvieren muß. Es sollte also zumindest so trainiert sein, daß es das Tempo der Querfeldeinstrecke über die volle Länge allein mit dem Sauerstoff-Energiesystem gehen kann. Die Besonderheiten der Hindernisse und des Geläufs sowie das Finish der Rennbahn machen den Einsatz der zusätzlichen Reserven ohnehin mehr als wahrscheinlich.

An dieser Stelle erinnere ich an den „zweiten Wind". Der erfahrene Vielseitigkeitsreiter kennt diese Situation: Das Pferd signalisiert in der Querfeldeinstrecke beginnende Müdigkeit (Lactat-Energie-Verbrauch). Der Reiter nimmt rechtzeitig das Tempo (in den aeroben Bereich) zurück. Das Pferd ist dadurch (noch) in der Lage, die Folgen der Lactat-Energie zu verarbeiten, und erholt sich im Verlauf der Strecke wieder so, daß es noch einmal zulegen kann.

Außerdem sehen die meisten Trainingsmethoden der Leichtathleten heute Wiederholungen bestimmter Übungen „bis zur Ermüdungsgrenze" vor. Der entscheidende Unterschied zu unserem Training besteht darin, daß dies nicht mit einem Pferd gemacht werden kann (T. IVERS, 1983). Das ist sehr wichtig! Der Bewegungsapparat des Pferdes verbietet Trainingsmethoden bis zum Ermüdungsstadium; die rote Lampe der Verletzungsgefahr brennt bei Müdigkeit eines Pferdes besonders hell.

Dies und die bedeutenden Unterschiede zwischen dem Organismus der Menschen und der Pferde machen deutlich, daß die Trainingsmethoden etwa aus der Leichtathletik nur mit größter Vorsicht auf Vielseitigkeitspferde übertragen und allenfalls abgewandelt angewandt werden können.

Schließlich ist ein sehr wichtiger Trainingsgrundsatz hervorzuheben, der oft vernachlässigt wird: Das Militarypferd benötigt in der Geländeprüfung z.B. alle Energiesysteme und alle Muskeltypen. Der Reiter muß also peinlich darauf achten, daß sämtliche Funktionsbereiche des Pferdes (nicht nur einige wenige!) die notwendigen Trainingsreize erhalten.

Belastung

Es gibt eine Vielzahl von Trainingsmethoden, die bei Menschen und Pferden angewandt werden. Allen diesen Methoden ist gemeinsam, daß der menschliche oder tierische Körper einer gewissen Belastung ausgesetzt wird. Nach der Belastung füllt der

Richtiges Grundtempo und korrespondierender Energieeinsatz beim Absprung müssen für eine Kraftentfaltung sorgen, die dem Hindernistyp rationell angepaßt ist.

Organismus das Energie-Defizit wieder auf, beseitigt die Strapazen der Belastung und baut seine Fähigkeiten aus, mit solchen Belastungen leichter fertig zu werden.

Folgende Grundregel ist bei der Trainingsbelastung in jedem Fall zu beachten: Zu schwache Trainingsreize werden nicht wirksam; zu starke Reize bewirken ebenfalls keine Leistungssteigerung, sie rufen sogar einen Leistungsabfall hervor (H.J. SCHWARK, 1978). Das Heil liegt in der Mitte.

Die Wirkung eines Trainingsreizes gilt für jede Belastung, jeden Streß, dem das Pferd im Training und im Wettkampf ausgesetzt ist. Nehmen wir das Beispiel Hitze: Ein großer Anteil der Energie,

die während einer Belastung freigesetzt wird, wird in Wärme umgesetzt. Diese Wärme muß abgebaut werden. Das wichtigste Regulativ dabei ist das Schwitzen des Pferdes (R.J. ROSE, 1985). Kommen hohe Außentemperaturen hinzu, so kann der Abbau der bei der Leistung entstandenen Wärme im Körper des Pferdes problematisch werden. Der Organismus stellt sich mit der Zeit jedoch auf hohe Außentemperaturen ein, aber die „Gewöhnung" muß Schritt für Schritt erfolgen. Ich kann mir überlegen, ob ich mit der gleichen Galoppstrecke morgens anfange und sie von Trainingseinheit zu Trainingseinheit allmählich in die Mittagshitze verschiebe. Ich kann mir auch überlegen, ob ich in der Mittagshitze mit einer kurzen Galoppstrecke anfange und die Distanz von Einheit zu Einheit verlängere. Wichtig ist, daß die Anforderungen allmählich gesteigert werden müssen, um Fortschritte zu erzielen (H.J. SCHWARK, 1978). Dies gilt für jedes Training vom Dressurtraining bis hin zum Konditionstraining.

Nun darf die schrittweise Steigerung der Belastung, das Anheben der Trainingsanforderungen aber nicht geradlinig erfolgen. Die unterschiedlichen Zeiträume, die einzelne Bereiche des Organismus benötigen, um Kapital aus dem Trainingsreiz zu schlagen, setzen eine Steigerung der Trainingsreize in Zyklen voraus. Zudem reizen zyklische Trainingsbelastungen den Organismus zu bestmöglicher und rascher Anpassung (H.J. SCHWARK, 1978).

Der Vielseitigkeitsreiter muß also darauf achten, daß z.B. nach einer Steigerung der Galoppierleistung über mehrere Trainingseinheiten auch einmal das gleiche Pensum oder weniger als vorher verlangt wird.

Belastung bedeutet also eine schrittweise Gewöhnung an bestimmte Anforderungen. Solche Gewöhnung erfordert Zeit —

Die Kräfte, die Knochen, Sehnen und Muskeln hier abbremsen müssen, setzen ein trainiertes Fundament und ausreichende Energiereserven für koordinierte Muskelbewegungen voraus.

und zwar sehr unterschiedliche Zeit, je nachdem wie schnell oder wie langsam bestimmte Teile des Körpers reagieren können.

Neben der Gewöhnung des Organismus an eine Belastung ist auch die Gewöhnung der Mentalität des Pferdes an eine Belastung wichtig. Welche Zeit beispielsweise ein „heißes" Pferd benötigt, um sich an den Streß des schnellen Galoppierens zu gewöhnen, hängt mehr von seiner Mentalität und damit auch von der Mentalität seines Reiters ab. Hier gibt es nur eine Faustregel: Auf Pferde, die regelmäßig und sinnvoll galoppiert werden, wirkt auch schnelle Arbeit beruhigend — meist beruhigender als Dressurlektionen. Zu Beginn hilft oft das Galoppieren bergauf, bei dem in ruhigem Tempo eine Belastung erreicht werden kann, die höherem Tempo auf der Ebene entspricht.

Erholung

Wie schon angedeutet, ist die Belastung des Organismus ohne eine entsprechende Erholungsphase sinnlos (T. IVERS, 1983). Der Körper muß Belastungsdefizite auffüllen und die Belastungsfähigkeit ausbauen. Leider gibt es auch dazu keine festen Zeitregeln, weil eine Menge unterschiedlicher Vorgänge im Körper des Pferdes gleichzeitig stattfinden, die unterschiedliche Zeit beanspruchen.

Wir wissen bereits, daß nach einer Belastung der Phosphortank relativ schnell, d.h. in wenigen Minuten aufgefüllt wird. Das Ausbügeln eines Sauerstoff-Defizits dauert etwas länger, geht aber, wie die äußeren Merkmale der Atmung und des Pulses zeigen, ebenfalls relativ schnell. Dagegen dauert der Ausgleich von Nebenwirkungen, die bei vollem Einsatz des Lactat-Energiesystems auftreten, bereits Tage. Auch die Glykogen-Reserve im Muskel ist erst nach mehr als 48 Stunden wieder aufgefüllt (W. v. ENGELHARDT, 1984). Hier mag der Reiter an seinen eigenen Muskelkater oder die Steifheit seines Pferdes vor der letzten Verfassungsprüfung denken.

Hätten wir nur auf die Erholungszeit zu achten, die die einzelnen Energiesysteme erfordern, wäre das Konditionstraining relativ einfach. Dem aber ist nicht so: Der Körper braucht zusätzlich Zeit, um Kreislauf und Muskeln aufzubauen, d.h. der Trainingsbelastung anzupassen. Er braucht Zeit für eine „Generalinspektion", bei der Betriebsstoffe ersetzt und ausgewechselt, Vorschäden repariert und die Zündung neu eingestellt werden. Die Zeit, die wenig durchblutete Gewebe wie Hufe und Sehnen benötigen, um allmählich kräftiger zu werden, zählt man in Wochen und Monaten.

Abschließend ist hier zu beachten, daß zu lange Erholungsphasen, also das Ausbleiben des Belastungsreizes, den Organismus veranlassen, die Kapazität wieder abzubauen. Zuerst leidet die Geschwindigkeit, dann die Kraft, dann die Ausdauerleistung, und schließlich geht das eingespielte Steuerungssystem der Muskelarbeit, die koordinierte Muskelbewegung, verloren.

Man kann davon ausgehen, daß das Pferd nach etwa 14 Tagen Ruhe beginnt, den Konditionsstand wieder abzubauen. Nach zwei Monaten ist ein wesentlicher Teil der Muskel- und Kreislauf-Kondition bereits dahin (T. IVERS, 1983).

Sind zwei große Vielseitigkeitsprüfungen in einer Saison vorgesehen, so sollten mindestens zwei und besser drei Monate zwischen beiden Starts liegen. Ein sinnvolles Abtrainieren (allmähliches Rückführen der Arbeitsbelastung und der Ernährung über ca. 14 Tage) nach der ersten Prüfung vorausgesetzt, ermöglicht dem Vielseitigkeitspferd anschließend etwa 2 Wochen Erholung (ausgiebige Bewegung ohne Belastung), ohne daß ein wesentlicher Einbruch im Konditionsstand zu erwarten ist. Diese Erholungsphase zwischen zwei großen Prüfungen ist für das Pferd ungemein wichtig, weil der gesamte Organismus einen Berg von Rückständen und Vorschäden vollständig beseitigen muß. Nur so kann eine erhöhte Verletzungsanfälligkeit beim nächsten Start ausgeschlossen werden.

Aus dem vorher Gesagten ergibt sich auch, daß das „Wegstellen" des Pferdes im Winter, die Ruhe über Monate, normalerweise zu einem Abbau der Gesamtkondition führt. Deswegen wird es heute für richtig gehalten, das Vielseitigkeitspferd im Anschluß an die letzte Prüfung abzutrainieren und ihm etwa 6 Wochen Urlaub (Erholung ohne Reitereinwirkung, aber mit ausgiebiger Bewegung; z.B. Weidegang) zu geben. Danach setzt wieder normale, langsam gesteigerte Dressur-, Spring- und Geländearbeit ein. Auf diese Weise läßt sich ein gut Teil der Grundkondition über den Winter retten.

Das Abtrainieren zwischen zwei langen Prüfungen oder am Ende der Saison wird i.d.R. noch zu wenig konsequent durchgeführt. Erst eine sinnvolle und allmähliche Rückführung der Ernährung und der Trainingsbelastung über 2 Wochen und mehr bringen den Pferdorganismus wieder harmonisch in einen „normalen" Zustand. Dieser Normalzustand ist Voraussetzung einer zweckmäßigen (aktiven) Erholungsphase, in der das Pferd u.a. nicht mehr damit belastet sein soll, „überschüssige Kräfte" unkontrolliert abbauen zu müssen.

Aufwärmen und Abwärmen

Vor jeder Belastung des Organismus ist auf einen allmählichen Übergang vom Ruhezustand bis hin zum Trainingsreiz zu achten. Die einzelnen Funktionsbereiche des Pferdekörpers müssen langsam warmlaufen, müssen sich einspielen. Vor allem die damit verbundene bessere Durchblutung der Muskeln führt zu erhöhter Geschmeidigkeit — eine sehr wichtige Voraussetzung, um Verletzungen vorzubeugen (H.J. SCHWARK, 1978, T. IVERS 1983). Die große Vielseitigkeitsprüfung in ihrer Ursprungsform enthielt mit den Wegestrecken ideale Aufwärmphasen. Die Einführung der Zwangspause hat dieses Ideal ein wenig verwässert. Beim Konditionstraining hat der Reiter selbst für ein ausreichendes Aufwärmen des Pferdes über zunächst Schritt, dann Trab und Canter von insgesamt 15 Minuten und mehr zu sorgen.

Analog dazu muß der Körper nach der Belastung wieder allmählich auf den Ruhezustand zurückgeführt werden. Defizite, die aufgefüllt werden müssen, und der Abtransport von Rückständen tun sich über langsam nachlassende Bewegung leichter. Der Schlußgalopp früherer Militaryprüfungen und die Phase C als Abwärmphase nach der Rennbahn hatten und haben hier ihren Sinn. Leider sieht man heute häufig Reiter, die nach dem Ziel der Phase D ihr heftig atmendes Pferd abrupt anhalten und von Bandagen befreien, aber nicht bewegen. Dies ist falsch, weil gesundheitsgefährdend. Das richtige Abwärmen, auch nach dem Training, erfolgt in umgekehrter Reihenfolge der Gangarten beim Aufwärmen, also Canter, Trab, dann Schritt, und dauert so lange, bis das Pferd trocken ist und Puls und Atem die Ruhewerte erreicht haben.

Doping

Ich möchte dieses Thema nur streifen und auf die detaillierten Ausführungen von UNGEMACH (1984) und IVERS (1983) verweisen. Ungemach kommt zu folgendem Schluß: „Sicherstes und bestes Doping zur Leistungssteigerung sind optimales Training und Haltung. Trainingslücken lassen sich auch mit ausgefeiltesten Dopingmethoden auf Dauer nicht schließen." Ivers sagt das gleiche etwa so: „Mutter Natur läßt sich auf Dauer nicht an der Nase herumführen, ohne auf der negativen Seite zurückzuschlagen. Wenn Du trotzdem den Tip eines Freundes ausprobieren willst, dann kümmere Dich vorher um das Wundermittel. Stell selber fest, welche Haupt- und Nebenwirkungen die Pille hat. Du kommst dann von selbst zu dem Schluß, daß Du Deinen Job ohne Medizin besser machen kannst. Tust Du das nicht, so wirst Du von einer Wunderdroge zur anderen torkeln, Pferde kaputtreiten und Deine Erfolgschancen zerstören." Für den Human-Sport hat dies Prof. DONIKE (1985) so formuliert: „Hier wird unter der Überschrift Sport Schindluder mit der Gesundheit von Athleten getrieben." Wie sehr muß das für unsere Pferde gelten!

Dennoch sind in unserem Sport bestimmte Substanzen in begrenzten Mengen zugelassen, und es gibt auch mir nicht verständliche Meinungen, die z.B. Phenylbutazon (Buta) unbeschränkt im Vielseitigkeitssport angewandt sehen möchten, weil es ja „nur" schmerzstillend wirkt (A. SMITH & B. GILES, 1983). Buta beseitigt aber nicht nur den Schmerz. In der Humanmedizin wurde der Einsatz von Buta »wegen der häufigen und z. T. schweren Nebenwirkungen mit u. U. tödlichem Ausgang« (E. MUTSCHLER) stark eingeschränkt. Phenylbutazon kann nicht nur schwere Allergien hervorrufen, sondern durch die Blutungsneigung wesentlich erhöhen und den Plasmaspiegel Körper eigener Wirkstoffe unter den Normalwert abfallen lassen. Auch wenn solche Nebenwirkungen ausgeschlossen werden könnten, wäre es Leichtsinn, unter Buta im Gelände zu starten. Schmerz ist ein Signal des Körpers, daß irgend etwas nicht in Ordnung ist. Wer dieses Signal künstlich aus der Welt schafft, geht das Risiko ein, nicht nur das Pferd und sich selbst in Gefahr, sondern darüber hinaus den gesamten Vielseitigkeitssport in Verruf zu bringen.

Konditionstraining

Für die Leistung im Gelände müssen sehr unterschiedliche Bereiche des Pferdes trainiert werden. Aus diesem Grund ist auch das Training des Vielseitigkeitspferdes in verschiedene Phasen aufzuteilen, in denen bestimmte Schwerpunkte konditioniert werden.

Grundkondition

Ein Pferd steht heute normalerweise 23 Std. in der Box. Wenn es hoch kommt, wird es eine Stunde geritten — in der Halle oder auf einem ebenen Außenplatz. Immer der gleiche Boden, mal über Sprünge, mal im Viereck. Dieses Training reicht erfahrungsgemäß aus, um eine Dressuraufgabe über 10 Minuten oder einen Springparcours über 2 Minuten auf ähnlichem Boden wie zuhause zu bestehen.

Nach den Grundregeln der FEI soll der Wert der Teilprüfungen in der Military zueinander im Verhältnis von etwa 3 (Dressur) : 12 (Gelände) : 1 (Springen) stehen. Der Geländeritt dauert rund 1 Stunde; darin enthalten sind etwa 4 Minuten im Tempo 690 m/min und etwa 10 Minuten über Stock und Stein im Tempo 570 m/min. Ein Pferd, das nur die Halle kennt, nur das Tempo 400 m/min, keine Hügel und keine Löcher, ist schon überfordert, bevor an Kondition überhaupt zu denken ist. Und dennoch nehmen Dressur- und Springübungen hierzulande einen oft allzu breiten Raum im Leben der Vielseitigkeitspferde ein. Ein sauberer Sprung in der Halle aus Tempo 300 m/min ist etwas völlig anderes als das gleiche Hindernis am Ende der Phase D bergauf. Schon dies liefert Anreiz, das junge Vielseitigkeitspferd rechtzeitig in allen Gangarten und Tempi mit sämtlichen Geländebedingungen vertraut zu machen.

Darüber hinaus müssen wir aus dem Rohmaterial Reitpferd einen Mittelstreckenathleten formen. Wir müssen damit beginnen, zunächst die langsam reagierenden Teile des Pferdeorganismus wie

Knochen, Sehnen, Gelenke und Hufe auf diese Aufgabe vorzubereiten (T. IVERS, 1983). Jeder Kilometer draußen, auf unterschiedlichem Boden, investiert in ruhige und ausdauernde Bewegung, mindert die Verletzungsgefahr und erhöht das Potential für spätere Leistungen.

M. HABEL (1983) gibt sehr gute Hinweise, wie das Basistraining mit zusätzlichen leichten Übungen für das Vielseitigkeitspferd angereichert werden kann. Auch erwähnen die meisten Autoren (z.B. R. KLIMKE, 1967) die Notwendigkeit des Schrittreitens, des „Tummelns" im Gelände und auch schon das Basistraining (M. HABEL, 1982, v. BREDOW, 1984). Es fehlt aber durchweg der Hinweis, daß hier die mit Abstand wichtigste Grundlage für spätere Erfolge gelegt wird (T. IVERS, 1983). Wer zunächst über Monate, vielleicht Jahre, ein hartes, gegen Verletzungen gewappnetes Pferd heranbildet, kann davon ausgehen, daß dieses Pferd auch einsatzfähig bleibt. Die Verbesserung der Leistungskondition, der Dressur- und Springfähigkeiten sind demgegenüber zweitrangig.

IVERS (1983) setzt für alleiniges Basistraining eines Vollblüters (Training im Galopprennsport) etwa 3 Monate an. Danach setzt das Konditionstraining für Muskeln und Kreislauf ein, wobei die Elemente des Grundtrainings beibehalten werden. Das Gesamttraining vor dem ersten Rennen dauert bei Ivers 9 Monate. Auch nach den Untersuchungen unseres langjährigen Mannschaftstierarztes Dr. Karl Blobel ist ein Zeitraum von wenigstens 6-9 Monaten zur sinnvollen Kräftigung des Sehnen- und Gelenkapparates notwendig. Und merke gut: Ein Pferd, das einige Monate im Stall gestanden hat, fängt wieder von vorne an!

Sicherlich ist die Stärkung des Pferde-Fundamentes das wichtigste Ergebnis sinnvollen Basistrainings. Darüber hinaus kräftigt der Pferdeorganismus schon während des Trainings der Grundkondition das Leistungspotential von Kreislauf und Muskeln, was das spätere Trainingspensum erleichtert. Vor allem das aerobe Energiesystem wird schon hier gefördert. Nicht zuletzt dient dieser Trainingsabschnitt auch der ausgeglichenen Mentalität und der besseren Muskelkoordination: Pferde, die immer wieder und in allen Gangarten mit dem Gelände konfrontiert werden, nehmen schließlich auch Sondersituationen gelassen hin und lernen, sich zwanglos und rationell zu bewegen.

Leistungskondition

Der Militaryreiter stellt sich unter Konditionstraining meist nur die letzte Phase des Trainings, den Aufbau der Muskel- und Kreislaufkondition vor. Dies ist, wie wir festgestellt haben, falsch. Wer das Konditionstraining nicht damit beginnt, zunächst die langsam reagierenden Teile des Körpers über Basistraining zu stärken, wird den Zehnkämpfer-Effekt erleben. Auch die Zehnkampf-Leichtathleten haben früher zuviel Muskel- und Kreislauftraining betrieben und ihre Sehnen vergessen. Dies führte dazu, daß die Athleten auf dem Papier, d.h. die Trainingsergebnisse jeder Teildisziplin hochgerechnet, in Weltrekordform antraten. Im Wettkampf aber war der Traum dann oft aus: Es gab Sehnenrisse und andere Verletzungen, weil das Übertragungssystem, das die Muskelkraft an die Erde bringt, für die Belastungen in Folge nicht entsprechend mitgewachsen war. Seither gehört zum Programm der Zehnkämpfer Dauerlauf — stundenlang im aeroben Bereich!

Das Basistraining geht nahtlos in den Aufbau der Leistungskondition über und überlappt sich bis zum Schluß. Beides gehört zusammen. Eins geht nicht ohne das andere. Die wesentlichen Elemente des Grundkonditionstrainings, nämlich andauernde Reize auch für Sehnen und Gelenke, werden beibehalten. Wer mit Beginn des Leistungskonditionstrainings nur auf Golfrasen galoppiert und daneben dem Pferd allenfalls die Führmaschine gönnt, muß damit rechnen, daß sich der Stärkungsprozeß des Fundaments verlangsamt. Es bleibt eine der großen Aufgaben des Buschreiters, mit Kopf und Gefühl den goldenen Mittelweg zu finden, der dem Aufbau der Grund- und Leistungskondition gerecht wird, ohne Teilbereiche des Pferdeorganismus zu wenig oder zu stark zu belasten.

Ein routiniertes Pferd läßt sich ohne Spannung auf kürzestem Weg den Tiefsprung hinabgleiten und landet möglichst gleichzeitig auf beiden Vorderbeinen. Kraftaufwand und Belastung sind auf ein Minimum reduziert.

Leistungskondition wird aufgebaut, wenn es gelingt, die Leistung von Herz, Lunge, Blut und Adern des Pferdes zu erhöhen, damit mehr Sauerstoff und Nährstoffe zu den wichtigen Organen hin und die Rückstände schneller abtransportiert werden können (W. v. ENGELHARDT, 1984). Zusätzlich soll die Leistungskraft der Muskelzellen erhöht werden, damit mehr Energie verarbeitet werden kann. Schließlich ist die beim Basistraining begonnene Koordination der Muskelbewegung, nämlich das Zusammenspiel zwischen Arbeitgeber (Pferdehirn) und Arbeitnehmer (Muskelbewegung) über das Telefon des Nervensystems, weiter zu verbessern. Ein Pferd muß nicht von Haus aus „flink im Bein" sein, sondern kann auch über ein gut trainiertes „Arbeitgeber-Arbeitnehmer-Verhältnis" verfügen, das erst für ein „flinkes Bein" gesorgt hat. Auch die Galoppade eines Pferdes kann auf diese Weise rationeller und flüssiger werden. Das Training des koordinierten Bewegungsablaufs wird allgemein noch viel zu wenig beachtet.

Nun sind unsere Pferde von Natur her bereits mit einer gewaltigen Herz- und Kreislaufmaschine ausgerüstet, die gar nicht so einfach zu verbessern ist. FREGIN (1977) hat festgestellt, daß das Pferd etwa doppelt so viel Training im submaximalen (aeroben) Bereich benötigt, um die gleichen Trainingsfortschritte zu machen wie der Mensch. Da Pferde etwa doppelt so schnell sind wie der Mensch, müßte die Belastung, die von einem Pferd zu verlangen wäre, 4 x so hoch liegen als beim Menschen, wenn man den vergleichbaren Formanstieg erzielen will (T. IVERS, 1983). Das Training im aeroben Bereich (langsame, ausdauernde Arbeit) bringt also vergleichsweise geringe Fortschritte in der Leistungskondition.

Glücklicherweise ist diese Feststellung für unser Training ohne große Bedeutung: Zum einen stehen die Strecken und Geschwindigkeiten der Vielseitigkeitsprüfung fest; wir können also weit unterhalb der Leistungsgrenze unserer Pferde bleiben. Zum zweiten entspricht die Leistung in der Military eher den Mittelstrecken in der Leichtathletik: Dem 1.500-m-Lauf (Phase B) und dem 3.000-m-Hindernislauf (Phase D) mit ca. 40 Minuten Abwärmphase und Pause dazwischen. Eine Stabilisierung des gewaltigen aeroben Energiesystems der Vielseitigkeitspferde und eine teilweise Verfügbarkeit ihrer anderen Energiequellen kann die von ihnen geforderte Leistung bereits absichern.

Die Mittelstrecken in der Leichtathletik sind durch das Intervalltraining revolutioniert worden: Nach Einführung dieses Trainingssystems purzelten die Rekorde. Mit diesem System werden Reize im anaeroben Bereich gesetzt, die vor allem zu einem Ausbau der aeroben Kapazität führen. Eine strapaziöse Dauerbelastung des Organismus entfällt. Auch wir dürfen uns an das Intervalltraining anlehnen (W. v. ENGELHARDT, 1984), aber nie vergessen, daß die Grenze der Leistungsfähigkeit und der Müdigkeit bei uns nicht angetastet werden darf. Intervalltraining ist (T. IVERS, 1983):

— Mehrere Sprints im anaeroben Bereich.

— Sprints kürzer als die vorgesehene Wettkampfdistanz.

— Sprints nahe an oder sogar über der vorgesehenen Wettkampfgeschwindigkeit.

— Erholungsphasen zwischen den Sprints,
 lang genug für die notwendige Kurzzeit-Erholung (Sauerstoff-, Phosphorreserven) und kurz genug, um das gesamte Trainingspensum zum Aufbau anaerober Ausdauer nutzen zu können.

— Solides Aufwärmen vorher (u.a. sind kalte Muskeln, Sehnen und Bänder verletzungsanfälliger) und Abwärmen nachher (Bewegung fördert u.a. den Abbau der Abfallprodukte aus anaerober Arbeit).

Die Engländer (BRITISH HORSE SOCIETY, 1982), die ebenfalls ausreichendes Basistraining voraussetzen, erklären den Inhalt ihres Intervalltrainings-Systems für Militarypferde so:

— Der Körper stellt sich auf Belastungen ein, wenn ihm dazu Zeit gegeben wird. Aus diesem Grund muß er wiederholt geringen, aber steigenden Belastungen ausgesetzt werden.

— Die Ruhepausen sind begrenzt (ca. 4 Minuten zu Beginn des Trainings, ca. 1 Minute bei einem gut konditionierten Pferd), so daß eine vollständige Erholung vor der nächsten Belastung nicht erfolgt.

— Die Belastungsphasen vermeiden Höchstbelastung, damit Atmung, Kreislauf und Muskelsysteme allmählich entwickelt werden können.

— Intervalltraining darf nicht öfter als jeden 3. oder 4. Tag angesetzt werden, weil der Stoffwechsel diesen Zeitraum zur Normalisierung benötigt.

Nun ist das Intervalltraining sicherlich nicht der alleinige Schlüssel zum Erfolg. In England habe ich dazu einen treffenden Spruch gehört: „Intervalltraining? — Das machen Leute, die keine Zeit zum Reiten haben!" Wir haben gehört, daß Trainingsmethoden aus der Leichtathletik allenfalls abgewandelt angewandt werden können. Wir brauchen zusätzlich die Arbeit im aeroben Bereich, d.h. längere Strecken in ruhigem Tempo, und zwar für die Ausdauer, die Basis und die Selbstverständlichkeit beim Galoppieren. Wir haben auch darauf zu achten, daß unterschiedliche Belastungsarten (schneller Galopp, Canter, Trab, Klettern) abwechseln, damit die Schwachstellen des Pferdes, vor allem die Sehnen, abwechselnd belastet werden. Dennoch sind die Grundelemente des Intervalltrainings für uns sehr wichtig geworden.

Teilen wir das Training der Leistungskondition in Stufen, die aber ineinanderfließen müssen (T. IVERS, 1983), so ergibt sich folgende Einteilung:

1. Training im aeroben Bereich (Trab in hügeligem Gelände oder Canter im Tempo von etwa 400 m/min).

2. Intervall-Training mit Sprints an der Schwelle zum anaeroben Bereich.

48

3. Intervall-Training mit Sprints im anaeroben Bereich, aber nicht Höchstbelastung.

Die erste Stufe, das Training im aeroben Bereich, ist jedoch nur die Endphase des gesamten aeroben Trainings, das bereits mit dem Basistraining beginnt.

Schwierigkeiten bereitet eine Tempovorgabe für die Arbeit im Grenzbereich und im anaeroben Bereich. Mit der Veranlagung und dem Trainingszustand eines jeden Pferdes verändert sich das richtige Tempo für die Stufen 2. und 3. beträchtlich. Weiter hinten wird ausgeführt, daß Kontrollmessungen von Puls und Lactat noch keine sicheren Ergebnisse gebracht haben. Wir gehen aufgrund individueller praktischer Untersuchungen und Erfahrungen z.Z. jedoch davon aus, daß ein ausreichend vorbereitetes Vielseitigkeitspferd bei kurzfristiger Belastung auf ebener Bahn die Schwelle zum anaeroben Bereich etwa bei T 600 m/min und den anaeroben Bereich etwa bei T 700 m/min erreicht. Vor allem die Tempovorgabe für den Grenzbereich (T 600) kann nur ein grober Anhaltspunkt sein.

Aufbau der Grundkondition

Der Trainingsplan des Vielseitigkeitsreiters sollte das Training der Grundkondition, das Basistraining, in Kilometern oder Zeit und nicht in Geschwindigkeit festhalten. Der Reiter muß seine jeweiligen Tempi zwar immer kennen, sie spielen hier jedoch keine wichtige Rolle, weil diese (langsame) Arbeit ausschließlich im aeroben Bereich und in allen drei Gangarten stattfindet. Sauerstoffmangel und Lactatanstieg müssen unter allen Umständen vermieden werden.

In der Aufbauphase der Grundkondition ist es vor allem wichtig, dem jungen Pferd, mehr noch als dem älteren, Gelände zu bieten. Der Schwerpunkt des Basistrainings entfällt auf die Gangart Schritt. Etwa 3 Tage pro Woche soll das Pferd lernen, auf unterschiedlichem Boden, bergauf und bergab, mit Stock und Stein und Gräben und Pfützen zwanglos umzugehen. Wichtigste Voraussetzung für sinnvolles Basistraining sind unterschiedliche Bodenverhältnisse: Hart und weich, uneben und glatt: jeder nur denkbare Reiz auf das Fundament — natürlich ohne Überbelastung — ist wertvoll.

In dieser Phase lernen die Pferde aber auch das problemlose Galoppieren bergauf und bergab, das Galoppieren auf jedem denkbaren Boden. Sie lernen zwanglos mit Baumwurzeln und kleinen Gräben fertig zu werden und sie lernen den „Reisetrab" auf Straßen und Wegen. Sie lernen Geländesprünge kennen, — zunächst einzeln und in ruhigem Tempo, später flott und in Folge.

Ein junges, im Aufbau befindliches Vielseitigkeitspferd sollte vor dem Training der Leistungskondition

— mindestens *6 Monate*

Basistraining absolvieren. Das gleiche gilt für Pferde, die länger gestanden und den Konditionsstand abgebaut haben.
Pferde, deren ausreichende Grundkondition aus dem Vorjahr

durch ca. 6 Wochen Herbst-Erholung und ruhige Winterarbeit nur wenig abgebaut wurde, können das Training der Leistungskondition auf einem Sockel von

— etwa *2-3 Monaten*

vorgelagertem Basistraining beginnen. Je langfristiger das Basistraining angelegt ist, desto besser!

Auch dieses Training der Grundkondition muß gesteigert werden. Man fängt die ruhige Arbeit im Gelände mit rohen Pferden am besten mit 1/2 Stunde im Schritt an und steigert von Woche zu Woche die Zeit (die Km), ohne die Geschwindigkeit zu erhöhen. Nach 4-5 Monaten muß das Pferd mehrere Stunden unterwegs sein können, ohne sich körperlich oder mental anzustrengen. Wird der Zeitaufwand für die lange, ruhige Arbeit zu einem Problem, so kann das Basistraining nach etwa 2 Monaten auch vermehrt auf die Gangarten Trab und Galopp verlegt werden. Es gehört aber viel Feingefühl des Reiters dazu, denn in keinem Fall darf der aerobe Bereich verlassen werden. Eine Steigerung läßt sich auch dadurch erreichen, daß mit fortschreitendem Training die vorerst vielleicht zu kurz gekommenen Dressur- oder Springübungen in den Gelände-Trainingstag einbezogen werden.

Ein junges Vielseitigkeitspferd, das 2-3 x wöchentlich in Dressur, 2-3 x im Gelände und 1 x über Sprünge gearbeitet wird, darf den Ruhetag getrost noch zusätzlich im Gelände verbringen — allerdings nur im Schritt am langen Zügel. Ein solcher Wochenplan, zu Anfang der Pferdekarriere, verspricht Erfolg.

Ich gebe zu, daß das Basistraining zeitraubend und auch langweilig sein kann. Hier kommt der Manager im Buschreiter zum Zuge. Die Australier sind früher stundenlang zur nächsten Kneipe geritten. Herbert Blöcker hat seine Füchse angespannt. Zuverlässige junge Reiter, die gern mitmachen, findet man auch. Die Führmaschine ist allerdings kein geeigneter Helfer: Das Pferd erstirbt in Langeweile, und der Boden einer Führmaschine bietet den Pferdebeinen normalerweise keinerlei Reize zur Kräftigung.

Ein junges Pferd, das ausgedehnte Basisarbeit bereits mit Reaktionen an den Beinen quittiert (Wärme, leichte Lahmheiten o.ä.), wird auch bei noch so guter Vorbereitung anfällig bleiben. Unsere Pferde müssen dieses Pensum, vernünftig gesteigert, mit kalten, klaren Beinen erledigen. Anderenfalls ist es besser, sie rechtzeitig einer anderen Verwendung zuzuführen.

Aufbau der Leistungskondition

Hat das Militarypferd sein ausgedehntes Basispensum erledigt, wird man zum Aufbau der Leistungskondition mindestens folgende Zeiträume ansetzen müssen:

GVL — 8 Wochen
GVM — 10 Wochen
GVS — 12 Wochen

Selbstverständlich sind auch diese Vorgaben nur Anhaltspunkte. Schon die Tatsache, daß ein im Warmbluttyp stehendes Pferd etwa doppelt so viel Herz-, Kreislauf- und Muskeltraining benötigt wie eine Vollblut-Galoppiermaschine, um den gleichen Trainingseffekt zu erzielen, macht solche Vorgaben schwammig. Diese Rahmenvorgaben haben sich jedoch bewährt (BRITISH HORSE SOCIETY, 1982).

Bei solchen Zeiträumen kann das Training der Leistungskondition an jedem 4. Tag erfolgen, d.h., 3 „Erholungstage" liegen zwischen den einzelnen aeroben bzw. anaeroben Belastungen. Auch dieser Rhythmus wird heute generell für richtig gehalten (meist 2 x wöchentlich) (M. HABEL, 1983, BRITISH HORSE SOCIETY, 1982). Nach den einleitenden Gedanken erscheint das Einhalten der drei Nicht-Konditions-Tage, vor allem nach Belastungen im anaeroben Bereich, für die Regeneration, den Schlackenabbau und die Kräftigung des Pferdes sinnvoll.

Muß aus nicht vorhersehbaren Gründen der Trainingsplan zeitlich verengt werden, oder sollen die beim schnellen Galoppieren besonders belasteten Sehnen (z.B. Fesselträger und Beugesehnen vorn) zeitweise entlastet werden, so ist es ratsam, zwischendurch auf Klettern oder Trab in hügeligem Gelände auszuweichen. Bei dieser Art von Konditionstraining werden andere Sehnenbereiche schwerpunktmäßig belastet, was aus Gründen der „Risikoverteilung" sinnvoll sein kann. Wichtig hierbei ist, daß Neigung und Länge der Kletterstellen und Hügel so beschaffen sind, daß der Grenzbereich zur anaeroben Schwelle über den gewünschten Zeitraum auch im Schritt oder Trab erreicht werden kann. Beim Klettern ist der Abstieg zum Fuß des Hanges, der möglichst weniger steil und länger sein soll als der Aufstieg, meist die harmonische Erholungsphase des Intervalltrainings. Bei der Konditionsarbeit im Trabe bringen längere Reprisen auf der Ebene oder Schrittpausen den gewünschten Erholungseffekt.

Leitlinie bleibt aber, daß die Hauptarbeit im Galopp, der Prüfungsgangart, zu erfolgen hat.

Es läßt sich unschwer ausrechnen, daß für die

GVL   etwa 12 Trainingseinheiten
GVM   etwa 16 Trainingseinheiten
GVS   etwa 20 Trainingseinheiten

herauskommen. Jede Trainingseinheit (Tagespensum) beinhaltet mehrere Galopp-(Trab- oder Schritt-)Abschnitte, unterbrochen durch Pausen.

Der Trainingsaufbau steigert sich harmonisch von Einheit zu Einheit: Die Distanzen werden länger, die Tempi höher, die Erholungspausen kürzer. Etwa in der Mitte der Trainingseinheiten werden die Anforderungen leicht zurückgenommen; sie steigern sich danach weiter bis etwa zur drittletzten Trainingseinheit (gut 2 Wochen vor der langen Prüfung). Die letzten beiden Einheiten werden wieder leicht reduziert. Sie haben nur noch stabilisierenden Charakter. Die Prüfungswoche selbst bleibt ohne Belastung im anaeroben Bereich, damit ein Pferd an den Start gebracht wird, das nicht mehr mit Regeneration, Erholung und Abbau von Schlacken beschäftigt ist. Im Gegenteil: Jetzt muß der Energietank gefüllt, das System voll auf Leistung eingestellt sein. Dieser Trainingsaufbau (Leistungskondition) umfaßt also einschließlich Wettkampf drei Zyklen.

Ein richtig vorbereitetes Militarypferd hat mit spritzendem Wasser und Menschenmassen keine Probleme. Jegliches Training ohne Berücksichtigung der Einstellung des Pferdes zu seiner Umwelt ist nutzlos.

Der Trainingsaufbau für die Vorbereitung auf eine *GVL* sähe demnach etwa folgendermaßen aus (vgl. auch „Trainingspläne"):

Vorschalten:

Basistraining: 6-7 Monate (Neuaufbau) oder 2-3 Monate (Anschlußtraining an Vorsaison)

Beachte:

Die konsequente Durchführung des Basistrainings ist Voraussetzung dafür, daß die Distanzen für das Training der Dauerleistung (nachfolgend 1.-6. Einheit) relativ niedrig angesetzt werden können.

Trainingseinheiten jeden 4. Tag ansetzen.

1.-6. Einheit

Dauerleistung (aerober Bereich). Canter T ca. 400 m/min (Cantertempo, bei dem das Pferd zufrieden galoppiert). Distanz von ca. 2.000 m auf ca. 6.000 m steigern. Jeweils 1-2 x unterbrechen (Pause) und Handwechsel.

4.-9. Einheit

Intervalltraining (im aeroben/ anaeroben Grenzbereich)
Distanz bis auf ca. 4.000 m steigern, mindestens 1 x unterbrechen (Pause) und Handwechsel.

Aufteilung der einzelnen Galoppabschnitte innerhalb jeder Trainingseinheit:
Canter (T. ca. 400 m/min) vorschalten.
400 m-1.000 m: Sprint bis T ca. 600 m/min entwickeln.
Canter (T ca. 400 m/min) nachschalten.

7.-12. Einheit	Intervalltraining (im unteren anaeroben Bereich) wie 4.-9. Einheit. Die schnelle Arbeit innerhalb der einzelnen Galoppabschnitte (400 m-1.000 m) jedoch bis auf T ca. 700 m/min entwickeln.
5. Einheit (ca.)	Anforderungen zurücknehmen, danach wieder steigern.
10. Einheit	Höchstanforderungen
11. Einheit	Anforderungen zurücknehmen
12. Einheit	Anforderungen wieder anheben, aber unter 10. Einheit bleiben.

Die Arbeit im Grenzbereich oder im anaeroben Bereich wird in der Regel an einen ruhigen, aber keinesfalls matten Anfangsgalopp angehängt und ebenso beendet. Das richtige Tempo für die Arbeit im Grenzbereich ist nicht einfach zu finden und erfordert viel Reitergefühl.

Ein zusammenhängender Galoppabschnitt, der schnelle Arbeit beinhaltet, soll insgesamt nicht über mehr als 3.000 m gehen und 1.000 m nicht unterschreiten. Die Steigerung der Anforderungen erfolgt vor allem über die Verlängerung der Distanz pro Trainingseinheit, d.h. über eine harmonisch vergrößerte Zahl an Abschnitten, die schnelle Arbeit beinhalten.

Die schnelle Arbeit selbst, der Sprint, soll einschließlich Zulegen und Einfangen eine Strecke von 400 m bis max. 1.000 m umfassen. Wichtig ist, daß das Pferd dabei zum rhythmischen Atmen kommt und losgelassen galoppiert. Das Steigern und Zurückführen der Geschwindigkeit, das Zureiten und Einfangen also, muß kontrolliert und rhythmisch erfolgen. Die sichere Verbindung zum Pferdemaul bleibt immer erhalten. Die vorgesehene Endgeschwindigkeit (z.B. T 700) soll auf der Geraden (möglichst nicht in engen Kurven) erreicht und etwa 200 m bis max. 800 m durchgehalten werden.

Nach einem Galoppabschnitt muß in jedem Fall eine Pause (Trab, Schritt) bis zur Beruhigung des Pferdes auf Pulswerte um 100/min eingelegt werden. Diese Pause wird je nach Trainingszustand des Pferdes etwa 4-1 Min. dauern. Mit zunehmendem Trainingserfolg erholt sich das Pferd schneller, d.h., die Pausen werden kürzer (BRITISH HORSE SOCIETY, 1982). Sinkt der Puls zu sehr (deutlich unter 100/min), war die Pause zu lang, der Trainingsreiz nicht optimal. Nach der Pause ist der nächste Galoppabschnitt möglichst auf der anderen Hand anzusetzen.

Der Trainingsaufbau für die *GVM* und *GVS* ist über das gleiche Schema abzuleiten. Die Höchstanforderungen bleiben bei der drittletzten Einheit. Etwa in der Mitte werden die Anforderungen leicht zurückgenommen.

Die langsame Arbeit zu Beginn steigert sich bis auf etwa

2 x 7 Min. GVL	(ca. 6.000 m)
3 x 6 Min. GVM	(ca. 7.000 m)
3 x 7 Min. GVS	(ca. 8.000 m)

Die langsame Arbeit muß evtl. bis auf max. 8.000 m (GVL), 9.000 m (GVM) und 10.000 m (GVS) gesteigert werden, wenn der Aufbau der aeroben Kapazität in der Phase des Basistrainings nicht ausreichend vorbereitet worden ist. Eine solche Steigerung ist jedoch mit höheren Gesundheitsrisiken verbunden und kann durch solides Training der Grundkondition vermieden werden.

Die schnelle Arbeit im weiteren Verlauf des Trainings steigert sich bis auf etwa

4000 m GVL
5000 m GVM
6000 m GVS
pro Trainingseinheit (Tagespensum).

Der Trainingsplan sorgt auch hier für eine harmonische Steigerung der Tempi und Distanzen. Dabei muß ebenfalls nach einem Abschnitt, der zwischen 1.000 m und 3.000 m liegt, eine Pause und Handwechsel eingelegt werden. Die im Training für die höheren Klassen zwangsläufig häufiger anfallenden Sprints sollen auch nur eine Strecke zwischen 400 m und 1.000 m umfassen. Nicht die Länge der einzelnen Galoppabschnitte, sondern deren Anzahl wird bei der schnellen Arbeit erhöht.

Selbstverständlich darf dieser Rahmenplan nicht schematisch umgesetzt werden. Hier geht es nur um die Schwerpunkte. Die Dauerleistung z.B. soll zu Beginn mehr im Vordergrund stehen. Im übrigen muß der individuelle Trainingsplan für das Ineinanderfließen der aeroben und anaeroben Belastungsreize sorgen. Ich erinnere: Auch Klettern oder Trab bergauf kann als anaerober Reiz eingebaut werden.

Sehr wichtig ist, daß jeder Trainingseinheit eine solide Aufwärmphase vorgelagert und eine Abwärmphase nachgeschaltet wird. Der Organismus des Pferdes ist vorher langsam an die Belastung heranzuführen und nachher ebenso langsam wieder auf den Ruhezustand zurückzuführen. Einige Kilometer Wegestrecke im Schritt und Trab bis zur Trainingsrennbahn tun i.d.R. ihren Dienst.

In der Prüfung sorgen die Phasen A und C für das Auf- und Abwärmen vor und nach der Rennbahn. Vor Kurzprüfungen und vor der Phase D ist es ratsam, die Pferde etwa 3 Minuten vor dem Start (wieder) langsam aufzuwärmen; zunächst im Trab, dann Canter. Voraussetzung dieser Vorgabe von ca. 3 Min. ist, daß das Pferd vorher schon angewärmt, d.h. in der Zwangspause im Schritt bewegt worden ist. Häufig sieht man Reiter, die ihr Pferd in der Zwangspause großflächig abwaschen. Dies ist bei normalen Temperaturen bedenklich, weil u.a. anschließend die Zeit für ein solides Wiederaufwärmen fehlt.

Sprünge vor dem Start der Phase D kosten Kraft und sind nach

den Rennbahnsprüngen und vor einladenden Anfangs-
hindernissen der Querfeldeinstrecke entbehrlich. Vor einer Kurzprüfung dagegen kann das Militarypferd ruhig auch mit einigen
Sprüngen über ein Übungshindernis aufgewärmt werden. Die
Psyche der Reiter verlangt unseren Pferden in der Praxis allerdings meist viel mehr Probesprünge ab, als diese wirklich
benötigen.

Nach einer Trainingseinheit oder einem Wettkampf mit Belastungen in anaeroben Zonen sollten die Pferdebeine im Anschluß an
das solide Abwärmen ca. 5-15 Min. gekühlt werden (Abspritzen,
Waten im Wasser o.ä.). Dosierter Wärmeentzug bewirkt eine
Steigerung der Verbrennungsvorgänge im Organismus, wobei
schädliche Stoffwechselschlacken verstärkt abgebaut werden.

Danach können gesunde, richtig trainierte Pferde in die Box
entlassen werden. Nur im Anschluß an eine extreme Belastung
sollten die Pferdebeine nach dem Kühlen einige Stunden über
Wärmebandagen (Schaffell, nicht zu fest gewickelt!) o.ä. zur
besseren Durchblutung angeregt werden. Wer allerdings Bandagen, Enelbin usw. häufig und regelmäßig anwendet, „trainiert"
deren Wirkung langsam, aber sicher weg.

Selbstverständlich muß eine Kurzprüfung, die zu Übungs-
zwecken einer großen Vielseitigkeitsprüfung vorgeschaltet wird,
in das Konditionstrainings-Programm einbezogen werden.
Wenn z.B. die Kurzprüfung langsam geritten wird, dürfte sie einer
Trainingseinheit im Grenzbereich entsprechen. Das gleiche gilt
für das Training über Geländesprünge in Folge und im Prüfungs-
tempo. Eine schnell gerittene Kurzprüfung wird auch routinierten
Pferden im Zweifel Energieleistungen abverlangen, die nur dann
ungefährlich bleiben, wenn das Pferd schon einen sehr hohen
Grad an Kondition aufweist.

Am Rande sei vermerkt, daß die schnelle Arbeit durchaus auch
einmal an den Anfang eines Galoppabschnittes gelegt werden
sollte. Auf der Rennbahn und zur Querfeldeinstrecke muß auch

aus dem Stand weg gestartet werden, und es ist nur gut, wenn das Pferd sich schon in vertrauter Umgebung auf diese Art Start eingestellt.

Für den Pipe-Opener (Höchstgeschwindigkeit über kurze bis mittlere Distanzen) kurz vor der Geländeprüfung habe ich allerdings eine einleuchtende Begründung noch nicht gefunden. Im Gegenteil: Diese Arbeit im anaeroben Bereich bildet Rückstände, die abgebaut werden müssen, und es fehlt dem Organismus die Zeit, den Trainingsreiz in höhere Leistungsfähigkeit umzusetzen. Ein paar Gymnastiksprünge nach der Military-Dressur erscheinen mir sinnvoller. Allenfalls kann an eine Sprint-Strecke über 100 m - 200 m Länge gedacht werden, die nur das Phosphor-Energie-System belastet.

Zum Schluß noch ein Wort gegen den Aberglauben, daß schnelle Arbeit, wie hier beschrieben, eher zu Verletzungen der Pferdebeine führt: Solange das Pferd nicht ermüdet, besteht keine erhöhte Gefahr! Die Intervalle lassen Ermüdung kaum zu. — Auch wir laufen behende über Unebenheiten, solange wir frisch sind! Erst wenn die Knie weich werden, knicken wir um.

Trainingskontrolle

Der letzte wichtige Bereich des Konditionstrainings umfaßt Kontrollmöglichkeiten, die dem Reiter den Einfluß der Belastungsreize auf sein Pferd anzeigen können. Immer wieder werden Messungen, Untersuchungen und Systeme angepriesen, über die angeblich die Leistungskondition unserer Pferde abgelesen werden kann. Ich warne: Kaum etwas ist serienreif!

Ausgangspunkt jeder Kontrolle ist der Eindruck, den das Pferd vor und nach dem Training macht. Ein frisches Pferd, das normal frißt, hat selten gewichtige Gesundheits- oder Trainingsprobleme. Signalisiert das Pferd Unlust oder wenig Appetit, so sollte zunächst die Körpertemperatur gemessen werden. Pferden mit Fieber dürfen keine großen Leistungen abverlangt werden; das gleiche gilt für Pferde, die frisch beschlagen oder medizinisch (z.B. Hustenimpfung) behandelt wurden. Nur ein gesunder Organismus kann Belastungen in größere Leistungsfähigkeit umsetzen.

Insofern ist das *Fieberthermometer* ein wichtiges Instrument im Stall des Vielseitigkeitsreiters. Die optimale Körpertemperatur des Pferdes liegt bei richtiger Belastung etwa 1 - 1 1/2 Grad Celsius über der Ruhetemperaur (M. HABEL, 1982). Die Ruhetemperatur seines Pferdes muß der Reiter ebenso kennen wie die Ruhewerte des Pulses und des Atems. Bei starken Belastungen kann die Körpertemperatur, rektal gemessen, bis 41 Grad C ansteigen. Dann kann das Thermometer als Gradmesser der Leistungskondition seinen Dienst leisten. Bleibt die Wärmeabgabe eingeschränkt (Hitze, hohe Luftfeuchtigkeit), kann es zu einem Hitzekollaps kommen. In diesem Fall ist zu kühlen (Abwaschen mit nicht zu kaltem Wasser).

Bei dieser Gelegenheit möchte ich anmerken, daß die Elektrolyt-Konzentration im Schweiß der Pferde deutlich höher liegt als beim Menschen: Sie verlieren mit dem Schweiß 3-4 x mehr Natriumchlorid und Kalium als wir (W. v. ENGELHARDT, 1984). Dennoch wird das zunehmende Hantieren mit Elektrolytzugaben heute übertrieben. Ein gesundes, gut trainiertes Pferd deckt seinen Fehlbedarf nach dem Schwitzen über Wasser, normales Futter und — wenn überhaupt — einen Salzleckstein.

Die Zusammensetzung des Blutes, das Blutbild, kann eine Fülle von Informationen über den augenblicklichen Zustand des Tieres vermitteln (W. v. ENGELHARDT, 1984; T. IVERS, 1983). Eine Blutanalyse, von einem Experten anhand des Blutbildes durchgeführt, ist wertvoll bei der Erkennung von Problemen im Pferdeorganismus. Im Zweifel ist sie jedoch erst dann zu erwägen, wenn das Pferd eindeutig Unlust oder einen Mangel signalisiert. Außerdem habe ich im Falle der Blutanalysen die Erfahrung gemacht, daß zwei voneinander unabhängige Analysen nicht immer das gleiche bescheinigen.

Zur Bestimmung der individuellen Leistungsfähigkeit eines Pferdes ist auch an die *Hämoglobin*-Konzentration im Blut (Sauer-

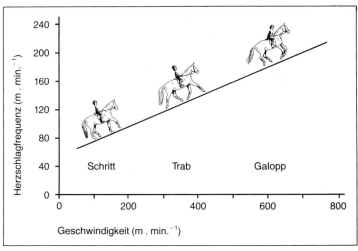

Herzschlagfrequenz bei zunehmender Laufgeschwindigkeit der Pferde (nach ENGELHARDT, 1979).
Quelle: Handbuch Pferd, BLV-Verlagsgesellschaft. 1984

stofftransportkapazität) zu denken. Man weiß, daß das Transportsystem für den Sauerstoff hin zur Muskulatur durch das Konditionstraining verbessert wird (M. HABEL, 1982). Es fehlen bisher jedoch sichere Aussagen, die von der Hämoglobin-konzentration auf das Leistungsvermögen des Pferdes schließen lassen (W. v. ENGELHARDT, 1984). Die Hämoglobinreserve aus der Milz setzt der Pferdekörper nämlich nur bis zu dem Punkt ein, wo das Blut zu dickflüssig wird, um den Sauerstoff schnell genug überall hintransportieren zu können.

Eine wichtige Anzeige, die das Blut beim Aufbau der Leistungs-kondition liefern kann, ist sein Milchsäuregehalt. Zwar sind die Messungen der *Lactat*-Konzentration im Blut zur Erkennung der aeroben/anaeroben Schwelle in der Praxis noch nicht voll brauchbar (W. v. ENGELHARDT, 1984). Immerhin läßt sich aber theoretisch zu jedem Pferd individuell feststellen,

— bei welcher Geschwindigkeit oder
— bei welcher Herzschlagfrequenz

sein Lactatgehalt im Blut ansteigt. Dies interessiert uns, weil mit zunehmendem Trainingsfortschritt das Tempo über eine be-stimmte Strecke, bei dem Lactat einsetzt, größer wird (W. v. ENGELHARDT, 1973). (Richtiges Training verzögert den Einsatz der verletzungsgefährlichen Lactatenergie!)

Allerdings liegen in der praktischen Auswertung noch Probleme: Da pullt ein Pferd, regt sich auf und galoppiert (noch) wenig rationell. Es wendet unverhältnismäßig viel Energie auf, die nicht in Geschwindigkeit umgesetzt wird. Hier hat die Feststellung steigender Lactatkonzentration keine Aussagekraft in Bezie-hung zu Tempo und Puls (über eine bestimmte Strecke).

Der Boden von Absprung- und Landestelle ist tief und weich: Das Pferd muß zusätzlich Kraftreserven mobilisieren und über dem Sprung flexibel reagieren können.

Ich möchte an dieser Stelle noch einmal daran erinnern, daß der aerobe/anaerobe Grenzbereich — zwar von Pferd zu Pferd verschieden — bei etwa 150 Herzschlägen/min liegen soll. Dieser Grenzbereich kann auch über den Anstieg des Lactatspiegels angezeigt werden. In der Praxis heutiger Lactatmessungen wird als grober Anhaltspunkt für den Grenzbereich oft das Tempo genannt, bei dem der Lactatspiegel des Pferdes 4 mMol/l erreicht. Diese mit V4 bezeichnete Geschwindigkeit müßte demnach rechnerisch bei einem Puls von ca. 150/min liegen, was aber im Militarysport bisher nicht abgesichert ist. Wenn überhaupt, deuteten Messungen an trainierten Vielseitigkeitspferden auf der Warendorfer Rennbahn an, daß V4 bei eher höherer (und sehr unterschiedlicher) Pulsfrequenz liegen könnte.

Dies führt zwangsläufig zu dem für Vielseitigkeitsreiter so wichtigen Drehzahlmesser des Pferdekreislaufs, zur *Herzschlagfrequenz*. Der Puls, vom Reiter in Beziehung zur Belastung und Erholung des Pferdes gesetzt, ist nach wie vor das brauchbarste technische Hilfsmittel beim Aufbau der Leistungskondition (W. v. ENGELHARDT, 1984).

Der Reiter kann bei fortschreitenden Trainingserfolgen feststellen, daß

— bei gleicher Strecke und gleicher Herzschlagfrequenz die Geschwindigkeit zunimmt,
— die Beruhigung des Pulses (z.B. auf ca. 100/min in der Pause nach den Belastungsintervallen) schneller erfolgt und
— möglicherweise die Lactatkonzentration bei gleicher Strecke und gleicher Herzschlagfrequenz abnimmt.

Hier wird eine interessante Kombination der Meßwerte Puls und Lactat deutlich: Wenn sich für ein bestimmtes Pferd die Herzschlagfrequenz ermitteln läßt, bei der die Schwelle zum anaeroben Bereich liegt (Lactatanstieg), dann gibt es auch bei fortschreitenden Trainingserfolgen einen gleichbleibenden Anhaltspunkt: Die Pulsfrequenz. Der Reiter wäre damit stets in der Lage, auch nach Trainingsfortschritten (= zunehmendes Tempo bei gleicher Herzschlagfrequenz) in einem bestimmten (gleichbleibenden) Pulswert den Grenzbereich seines Pferdes zu erkennen. Ich sagte bereits, daß wir heute noch keine zuverlässigen Meßwerte der Lactatkonzentration bei einer bestimmten Strecke und Pulsfrequenz ermitteln können. Daran wird aber in der ganzen Welt gearbeitet. Auch Teilerfolge können uns dieses Gebiet von Tag zu Tag interessanter machen.

Es gibt bereits brauchbare Instrumente, die dem Reiter und zusätzlich auch dem Beobachter während einer Belastung die Herzschlagfrequenz des Pferdes anzeigen. (Messungen kurz nach der Belastung erlauben keine Rückschlüsse auf den Puls während der Belastung!) Mit diesen Geräten kann der Reiter schon heute überprüfen, ob seine Trainingsreize wenigstens in der Nähe des Grenzbereiches liegen. Dies dürfte der Fall sein, wenn das Pferd

— selbstverständlich (gelassen) in konstantem Tempo galoppiert und
— die Herzschlagfrequenz dabei zwischen 150/min und 170/min liegt.

Für die Pulskontrolle in der Erholungspause reicht bereits eine Armbanduhr mit Sekundenzeiger aus. Man fühlt den Puls i.d.R. unter dem Sattelgurt, zählt 1/4 oder 1/2 Minute aus und rechnet dann auf 1 Minute um. Aufschlüsse über den „Erholungswert" (Puls um 100/min nach einer bestimmten Zeit) zwischen den Intervall-Trainingsabschnitten können jedoch nur gewonnen werden, wenn

— die jeder Kontrollmessung vorangehende Belastung in Tempo und Distanz gleich bleibt (Standardstrecke),
— der Bewegungsablauf (Trab, Schritt usw.) in der Pause gleich bleibt und
— die Herzfrequenz in bestimmten Zeitabständen nach dem Durchparieren ermittelt wird.

Kontrollmessungen sollten im Abstand von 2-4 Wochen vorgenommen werden.

Man hat in diesem Zusammenhang auch versucht, die *Atmungsgeschwindigkeit* als Gradmesser für die Kreislaufbelastung heranzuziehen (R. MEIXNER, 1979). In der Regel signalisiert höhere Atemfrequenz einen Sauerstoffmangel. Darüber hinaus ist die Aussagefähigkeit der Atmungsgeschwindigkeit beim Training des Vielseitigkeitspferdes dann weniger wichtig, wenn sich die Atmung nach einer Belastung in etwa im gleichen Rahmen beruhigt wie der Puls. Darauf ist allerdings zu achten! Hat ein Pferd nämlich nach einer starken Belastung ein Sauerstoffdefizit bei gleichzeitiger starker Erhitzung des Körpers aufzuholen, so kann die Atemfrequenz hoch bleiben, obgleich die Herzschlagfrequenz zurückgeht. Hitzekollapsgefahr — Abwaschen! Im Extremfall muß sofort ein Tierarzt hinzugezogen werden.

Zu anderen, weniger wichtigen Test- und Kontrollmöglichkeiten darf ich auf IVERS (1983) verweisen. Lediglich der *Muskelbiopsie-Test* (T. IVERS, 1983) läßt in Zukunft aussagefähige Angaben zur Muskelleistungsfähigkeit erhoffen. Die bisherigen Ergebnisse erlauben allerdings noch keine befriedigenden Schlußfolgerungen (W. v. ENGELHARDT, 1984).

Vor allzuviel Meßgeräten möchte ich auch warnen! Ein Reiter, der nur noch Instrumente abliest, hat vergessen, daß das Pferd im Gegensatz zum Auto ein Lebewesen ist. Das wichtigste Kontrollinstrument beim Konditionstraining ist und bleibt das *Gefühl des Reiters*. Selbstverständlich muß der Reiter immer wissen, wie lang jede Strecke ist, die er reitet, und wie schnell er diese Strecke reitet. Er soll auch neue Erkenntnisse zu Puls, Blutproben usw. aufgeschlossen verarbeiten. Er darf aber all diese Hifsmittel nicht zum Selbstzweck erheben; es bleiben Hilfsmittel, die allenfalls bestätigen und in Frage stellen können, ob der verantwortungsbewußte Reiter, der sich auf sein Pferd einstellt, richtig trainiert. Buschreiter, die nur eine Armbanduhr besitzen, sind auch in Zukunft keine Außenseiter. Sie müssen nur erfühlen, bei welcher

Canter-Geschwindigkeit ihr Pferd regelmäßig atmend und zufrieden lange Strecken (im aeroben Bereich) bewältigen kann. Sie müssen weiter erfühlen, bei welcher Geschwindigkeit das Sauerstoffdefizit einsetzt (Grenzbereich). Neben dem Gesamtverhalten ist hier auch die Atmung des Pferdes nach der Belastung ein oft brauchbares Signal. Die Arbeit im anaeroben Bereich schließlich wird an oder über dem Rennbahntempo liegen.

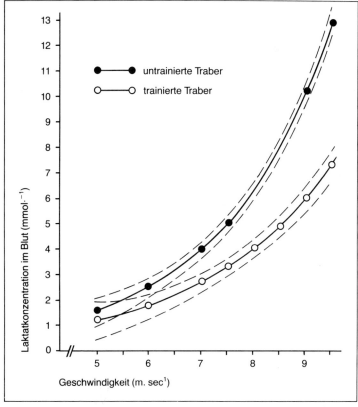

Exponentielle Zunahme der Blutlaktatkonzentration im venösen Blut bei untrainierten und bei trainierten Trabern in Abhängigkeit von der Laufgeschwindigkeit (nach THORNTON et al., 1983).
Quelle: Handbuch Pferd, BLV-Verlagsgesellschaft. 1984

Wer mit weniger Handwerkszeug und mehr Gefühl vorgeht, dabei aber kritisch bleibt, wird in gelegentlichen Messungen eine willkommene Bestätigung der eigenen Trainingseindrücke finden.

Trainingspläne

Wir haben bisher eine Fülle von Voraussetzungen angesprochen, die beim Konditionstraining eines Vielseitigkeitspferdes bedacht werden müssen. Dennoch bin ich nicht in der Lage, daraus ein allgemeingültiges Trainingsrezept zusammenzustellen, dem der Reiter nur noch entnehmen muß, was er heute wie lange zu tun hat. Ein solches Trainingsrezept hieße, die Eigenständigkeit unserer Pferde zu vergessen. Das Rezept für jedes einzelne Pferd stellt der Reiter mit oder ohne seinen Trainer zusammen. Der individuelle Trainingsplan, über Wochen und Monate im voraus aufgestellt, ist und bleibt jedoch eines der wichtigsten Hilfsmittel beim Training des Vielseitigkeitspferdes.

Ich habe im folgenden verschiedene Trainingspläne abdrucken lassen. Sie enthalten viele brauchbare Elemente. Außerdem weise ich auf den Trainingsrahmen in „Richtlinien für Reiten und Fahren", Band II, und die ausführlichen Anweisungen des T. IVERS (1983) zur Konditionierung von Rennpferden hin (s.a. v. BREDOW, 1984). Es bleibt nun dem Leser überlassen, diese Pläne kritisch auf die Anwendbarkeit im Einzelfall zu prüfen. Sie sollen mehr zum Nachdenken als zur blinden Nachahmung anregen. Das notwendige Verantwortungsbewußtsein und die angebrachte Bescheidenheit des Menschen gegenüber dem Tier verbieten jede unbedachte Übernahme von Trainingsmethoden.

TRAININGSPLAN

GVS und GVL

I. Training der Grundkondition

    6 - 7 Monate (Neuaufbau)
    2 - 3 Monate (Anschlußtraining an Vorsaison)

Wochenplan

(Basistraining von Woche zu Woche harmonisch innerhalb der vorgesehenen Monate steigern)

	Vormittag	*Nachmittag*
Dienstag	Dressur-Arbeit (i.d.R. 1 Std.)	Bewegung ohne Be-lastung (z.B. Schritt/ lg. Zügel ca. 1 Std.)
Mittwoch	*Basistraining*	

Viel *Schritt* auf unterschiedlichem Boden.
Trab (T 220) bis auf etwa 50 Min. (GVS)
bzw. 30 Min. (GVL) steigern (nach jeweils
ca. 10 Min.: Schrittpause). *Canter* (T 400)
erst später beginnen und bis auf etwa 2 x 4
Min. (GVS) bzw. 2 x 3 Min. (GVL) steigern.
Trab und Canter wechseln von Woche zu
Woche ab. Gesamtpensum gegen Ende der
Trainingsphase I ca. 2 Std.

Donnerstag	Arbeit über Sprünge (Parcours oder Gelände, i.d.R. 1 Std.)	wie Dienstag
Freitag	Dressur-Arbeit (i.d.R. 1 Std.)	wie Dienstag
Samstag	*Basistraining*	

Schritt auf unterschiedlichem Boden ohne
Belastung. Von 1/2 Std. bis auf mehrere
Stunden steigern.

| Sonntag | Dressur-, Spring- oder Geländearbeit |
| Montag | Aktiver Ruhetag (z.B. Führen/Weide) |

II. *Training der Leistungskondition*

ca. 3 Monate (GVS)
ca. 2 Monate (GVL)

Variabler Plan

Das Basistrainings-Programm entfällt. Der feste Wochenplan zu I wird jetzt ständig verändert, weil das Training der Leistungskondition an jedem 4. Tag stattfindet. Die 3 Tage zwischen der Konditionsarbeit werden wie bisher für Dressur-, Spring- oder Geländeübungen (plus zusätzliche Bewegung) sowie für den Ruhetag genutzt.

Vor jeder Konditionseinheit solides Aufwärmen, nachher Abwärmen, so daß das Pferd insgesamt mindestens 1 Std. in Bewegung ist.

T 400	=	Canter-Tempo, bei dem das Pferd frisch und zufrieden im aeroben Bereich galoppiert. Alle Tempo-Angaben lediglich Richtwerte.
Sprint	=	Möglichst auf der Geraden harmonisch zulegen bis zur vorgesehenen Geschwindigkeit (z.B. T 600), diese Geschwindigkeit ca. 300 m bis 500 m halten und danach ebenso harmonisch wieder auf T 400 zurückführen.
AE	=	aerobe Belastung
GR	=	Belastung im Grenzbereich
AN	=	anaerobe Belastung
H	=	Höchstanforderung
Z	=	zurückgeführte Anforderung

Tag (von der Prüfung aus zurückgerechnet)	GVS	Belastung		GVL (ohne Klettermöglichkeit)	Tag (von der Prüfung aus zurückgerechnet)
87.	2 x 4 Min. T 400	AE		—	87.
83.	2 x 5 Min. T 400	AE		—	83.
79.	2 x 6 Min. T 400	AE		—	79.
75.	2 x 1.000 m T 400 mit 1 Sprint T 600	GR		—	75.
71.	3 x 5 Min. T 400	AE		—	71.
67.	2 x 2.000 m T 400 mit 2 Sprints T 600	GR		—	67.
63.	3 x 6 Min. T 400	AE		—	63.
59.	Klettern oder Trab (über Hügel) mit 4 kurzfristigen Belastungen	GR	AE	2 x 3 Min. T 400	59.
55.	3 x 7 Min. T 400	AE (H)	AE	2 x 4 Min. T 400	55.
51.	3 x 1.500 m T 400 mit 3 Sprints T 600	GR	AE	2 x 5 Min. T 400	51.
47.	3 x 5 Min. T 400	AE (Z)	AE GR	Kurzprüfung (VA) oder Geländesprünge in Folge ca. 2.000 m (langsam reiten)	ca. 47.
43. (ca.)	Kurzprüfung VL oder VM (langsam reiten)	AE GR	AE	3 x 4 Min. T 400	43.
39.	Klettern oder Trab (über Hügel) mit 5 kurzfristigen Belastungen	GR	AE (H)	2 x 7 Min. T 400	39.

Tag (von der Prüfung aus zurückgerechnet)	GVS	Belastung		GVL (ohne Klettermöglichkeit)	Tag (von der Prüfung aus zurückgerechnet)
35.	2 x 1.500 m T 400 mit 1 Sprint T 700	AN	AE GR (Z)	2 x 1.000 m T 400 mit 1 Sprint T 550	35.
31.	2 x 2.000 m T 400 mit 1 Sprint T 600 mit 1 Sprint T 700	AN	GR	2 x 1.500 m T 400 mit 2 Sprints T 600 und	31.
27.	2 x 2.500 m T 400 mit 2 Sprints T 700	AN	AN	2 x 1.500 m T. 400 mit 1 Sprint T 700	27.
23. (ca.)	Kurzprüfung VM oder VS (anaeroben Bereich vermeiden)	GR	GR	Kurzprüfung VA oder VL (anaeroben Bereich vermeiden)	ca. 23.
19.	Klettern oder Trab (über Hügel) mit 6 kurzfristigen Belastungen	GR	AN	2 x 1.500 m T 400 mit 1 Sprint T 600 und mit 1 Sprint T 700	19.
15.	4 x 1.500 m T 400 mit 2 Sprints T 600 und mit 2 Sprints T 700	AN (H)	AN (H)	2 x 2.000 m T 400 mit 2 Sprints T 700	15.
11.	2 x 2.000 m T 400 mit 1 Sprint T 600 und mit 1 Sprint T 700	AN (Z)	GR (Z)	2 x 1.000 m T 400 mit 1 Sprint T 600	11.
7.	2 x 2.500 m T 400 mit 2 Sprints T 700	AN	AN	2 x 1.500 m T 400 mit 1 Sprint T 600 und mit 1 Sprint T 700	7.
0.	Geländetag der GVS			Geländetag der GVL	0.

A Possible Program to get a Horse Ready for a Three-Day Event (BRITISH HORSE SOCIETY, 1982)

THE BASIC CONDITIONING WORK HAVING BEEN COMPLETED.

N.B. *Where speeds not stated simply divide distance by number of minutes; i.e., Week 1 4/1600 m is 400 m/m.*

Week	Session	Minutes/distance of 1st work period	Minutes of rest	Minutes/distance of 2nd work period	Minutes of rest	Minutes/distance of 3rd work period
1	a	4/1600 m				
	b	6/2400 m				
2		4/1600 m	3	4/1600 m		
3	a	4/1600 m	3	6/2400 m		
	b	4/1600 m	3	6/2400 m		
	c	6/2400 m	3	6/2400 m		
4	a	6/2400 m	3	6/2400 m	3	6/2400 m
	b	4/1600 m	3	6/2400 m		
5	a	6/2400 m	3	8/3200 m build up to 520 m/m for last 500 m.		
	b	6/2400 m	3	8/3200 m 520 m/m for 500 m plus 600 m/m for last 500 m.		
6		One-day Event 3800 m at 520 m/m Cross-country. Rest*				
7	a	5/2000 m	3	7/2800 m 500 m/m for last 800 m.		
	b	6/2400 m	2	9/3600 m 600 m/m.		

* More rest days may be necessary according to individual horse.

Week	Session	Minutes/distance of 1st work period	Minutes of rest	Minutes/distance of 2nd work period	Minutes of rest	Minutes/distance of 3rd work period
8	a	6/2400 m	3	6/2400 m 520 m/m	2	8/3200 m starting at 500 m/m build-up to 650 m/m for last 1600 m.
	b	9/3600 m 570 m/m for 500 m	2	8/3200 starting 550 m/m 700 m/m.		
9		Two-day Event Steeplechase 3000 m at 690 m/m—Cross-country 5500 m at 570 m/m.* Rest*.				
10	a	6/2400 m	3	8/3200 m 550 m/m for last 500 m.		
	b	7/2800 m	2	9/3600 m 650 m/m.		
11	a	9/3600 m 550 m/m for 800 m.	2	8/3200 m starting 550 m/m building up to 700 m/m for last 1600 m.		
	b	6/2400 m	2	6/2400 starting 500 m/m building up to 600 m/m	1	4/1600 m at 700 m/m.
12		Pipe-opener day before Endurance Test 500 m uphill at 750 m/m.				

* More rest days may be necessary according to individual horse.

Literatur

BINDER, S. L., WONDRAK, E. M. (1989): »Frühjahrskur für Pferde« in Reiter Revue International, Rheinisch-Bergische Verlagsanstalt, Düsseldorf

BREDOW, A.v. (1984): Vielseitigkeitsreiten — Ausbildung und Training, in: Handbuch Pferd, BVL-Verlagsgesellschaft, München

BRITISH HORSE SOCIETY (1982): Equitation. Training of Rider and Horse to advanced Levels. Fakenham Press Ltd., Fakenham

DEUTSCHE REITERLICHE VEREINIGUNG E.V. (1984): Richtlinien für Reiten und Fahren, Bd. II: Ausbildung für Fortgeschrittene, FN-Verlag, Warendorf

DONIKE, Anabolika, die Dauerbrenner. (1985): NOK-Report 6 (1985)

EHRLEIN, H.J. (1973): Die Herzschlagfrequenz während standardisierter Belastung als Maß für die Leistungsfähigkeit von Pferden, in: Zentralblatt für Veterinärmedizin, Verlag Paul Parey, Hamburg, Berlin (Veröffentlichung der TH Hannover)

ENGELHARDT, W.v. (1973): Lactat, Pyruvat, Glucose und Wasserstoffionen im venösen Blut bei Reitpferden in unterschiedlichem Trainingszustand, in: Zentralblatt für Veterinärmedizin, Verlag Paul Parey, Berlin, Hamburg (Veröffentlichung der TH Hannover)

ENGELHARDT, W.v. (1984): Leistungsphysiologie des Sportpferdes, in: Handbuch Pferd, BLV-Verlagsgesellschaft, München

FREGIN, G.F. (1977): Cordiovascular Response to Exercise: A Review. American Association of Equine Practioners, Procedures.

HABEL, M. (1982): Vielseitigkeits-Reiten. Limpert Verlag, Bad Homburg

IVERS, T. (1983): The Fit Racehorse. Esprit Racing Team, Cincinnati/Ohio

JUNIUS, H. (1987): »CABALLO — Rationsberechnungsprogramm für Pferde«, Junius-Agrarsoftware, Nürtingen

KARSTEN, H. (1980): Das Military-Pferd. Edition Haberbeck, Lage

KLIMKE, R. (1967): Military. Franckh'sche Verlangshandlung, Stuttgart

MEIXNER, R. (1979): Sauerstoff-Verbrauch und Atmungsgrößen von Pferden unter dem Reiter in verschiedenen Gangarten. Diss. Universität Hohenheim

MEYER, H. (1986): Pferdefütterung. Paul Parey Verlag, Hamburg, Berlin

MUTSCHLER, E.: Arzneimittelwirkungen. Lehrbuch der Pharmakologie und der Toxikologie. 5. Auflage. Wissenschaftliche Verlagsgesellschaft mbH, Stuttgart.

ROSE, R.J. (1985): Thermoregulation, Fluid and Electrolyte Balance in Exercising Horses. University of Sydney, Australien

ROTHKIRCH, E. Graf (1960): Die Große Olympische Vielseitigkeitsprüfung, in: St. Georg Almanach, Verlag Sankt Georg, Düsseldorf

SCHWARK, H.J. (1978): Pferde. VEB Deutscher Landwirtschaftsverlag, Berlin

SMITH, A & GILES, B. (1983): The S.R. Direct Mail Book Of Eventing. Stanley, Paul & Comp. Ltd., London

STEINER, M. (1982): Biomechanics of Tendon Healing. J. Biomech. 15 (12)

UNGEMACH, F. (1984): Doping im Pferdesport. In: Handbuch Pferd, BVL-Verlagsgesellschaft München

Abkürzungen

ATP	Adenosintriphosphat
FEI	Federation Equestre Internationale (Internationaler Dachverband)
GVL	Große Vielseitigkeitsprüfung Klasse L
GVM	Große Vielseitigkeitsprüfung Klasse M
GVS	Große Vielseitigkeitsprüfung Klasse S
min	Minute
mMol/l	Meßeinheit für Milchsäure- (Lactat-)Gehalt des Blutes
NOK	Nationales Olympisches Komitee
Std.	Stunde
T	Tempo
V 4	Geschwindigkeit des Pferdes, bei der eine Lactatkonzentration von 4 mMol/l erreicht wird.
V 150	Geschwindigkeit des Pferdes, bei der eine Herzschlagfrequenz von 150/min erreicht wird
VA	Vielseitigkeitsprüfung Klasse A
VL	Vielseitigkeitsprüfung Klasse L
VM	Vielseitigkeitsprüfung Klasse M
VS	Vielseitigkeitsprüfung Klasse S